SAR PELADAN

THÉÂTRE DE LA ROSE✝CROIX

LA

PROMÉTHÉIDE

TRILOGIE D'ESCHYLE EN QUATRE TABLEAUX

AVEC UN PORTRAIT EN TAILLE DOUCE

PARIS

CHAMUEL, Éditeur

79, RUE DU FAUBOURG POISSONNIÈRE (*près la rue Lafayette*)

1895

A Henry Austruy

Bien Amicalement

LA PROMÉTHÉIDE

AVEC UN PORTRAIT EN TAILLE DOUCE

LA PROMÉTHÉIDE

TRILOGIE D'ESCHYLE, RESTITUÉE PAR

Le **SAR PELADAN**

PREMIÈRE TRAGÉDIE :

PROMÉTHÉE PORTEUR DU FEU

Restituée par le SAR PELADAN

DEUXIÈME TRAGÉDIE :

PROMÉTHÉE ENCHAINÉ

Traduction littéraire du texte d'*ESCHYLE*

TROISIÈME TRAGÉDIE :

PROMÉTHÉE DÉLIVRÉ

Restituée par le SAR PELADAN

SAR PELADAN

THÉATRE DE LA ROSE † CROIX

LA

PROMÉTHÉIDE

TRILOGIE D'*ESCHYLE* EN QUATRE TABLEAUX

AVEC UN PORTRAIT EN TAILLE DOUCE

la lumière

PARIS

CHAMUEL, Éditeur

79, RUE DU FAUBOURG POISSONNIÈRE (*Près la rue Lafayette*)

1895

L'ŒUVRE PELADANE

La Décadence latine (Ethopée).

I. LE VICE SUPRÊME (1884).
II. CURIEUSE (1885).
III. L'INITIATION SENTIMENTALE (1886).
IV. A CŒUR PERDU (1887).
V. ISTAR (1888).
VI. LA VICTOIRE DU MARI (1889).

VII. CŒUR EN PEINE (1889).
VIII. L'ANDROGYNE (1890).
IX. LA GYNANDRE (1891).
X. LE PANTHÉE (1892).
XI. THYPHONIA (1893).
XII. LE DERNIER BOURBON (1894).

PROCHAINEMENT

XIII. LA LAMENTATION D'ILOV (1895). | XIV. LA VERTU SUPRÊME.

Amphithéâtre des sciences mortes

I. COMMENT ON DEVIENT MAGE (éthique), in-8°, 1891 (Chamuel).
II. COMMENT ON DEVIENT FÉE (érotique), in-8°, 1892 (Chamuel).
III. COMMENT ON DEVIENT ARTISTE (esthétique), in-8°, 1894 (Chamuel).
IV. LE LIVRE DU SCEPTRE (politique), in-8°, 1895 (Chamuel).

Théâtre de la Rose ✝ Croix

I. BABYLONE, tragédie en 4 actes, in-6°, 1894 (Chamuel).
II. PROMÉTHÉE, trilogie d'Eschyle restituée, in-8°, 1895 (Chamuel).
III. LE FILS DES ÉTOILES, en 3 actes.
IV. LE PRINCE DE BYZANCE (refusé à l'Odéon et à la Comédie-Française).
V. ORPHÉE (tragédie).
VI. LA ROSE ✝ CROIX, mystère en 3 actes.
VII. LE MYSTÈRE DU GRAAL, en 5 actes.
VIII. SÉMIRAMIS, tragédie en 4 actes.

LA QUESTE DU GRAAL

Proses choisies des dix premiers romans avec 10 compositions
et un portrait de Séon, 3 fr. 50

ORAISON FUNÈBRE DU DOCTEUR ADRIEN PELADAN (Chamuel)............. 1 fr. »
ORAISON FUNÈBRE DU CHEVALIER ADRIEN PELADAN (Chamuel)............. 1 50
CONSTITUTIONS DE L'ORDRE DE LA ROSE ✝ CROIX DU TEMPLE ET DU GRAAL.. 1 50

La Décadence esthétique (Hiérophanie)

I à IV. L'ESTHÉTIQUE AU SALON DE 1881-84 (1 vol. in-8°), 7 fr. 50, premier tome de l'art ochlocratique, avec portrait.
V. FÉLICIEN ROPS (épuisé).
VI. L'ESTHÉTIQUE AU SALON DE 1884 (L'Artiste).
VII. LES MUSÉES DE PROVINCE.
VIII. LA SECONDE RENAISSANCE FRANÇAISE ET SON SAVONAROLE.
IX. LES MUSÉES D'EUROPE, d'après la collection Braun.
X. LE PROCÉDÉ DE MANET.
XI. GUSTAVE COURBET.

XII. L'ESTHÉTIQUE AU SALON DE 1885 (Revue du Monde Latin).
XIII. L'ART MYSTIQUE ET LA CRITIQUE CONTEMPORAINE.
XIV. LE MATÉRIALISME DANS L'ART.
XV-XVI LE SALON DE PELADAN, 1886-1887 (Dalou).
XVII. LE SALON DE PELADAN, 1889.
XVIII. LE GRAND ŒUVRE, d'après Léonard de Vinci.
XIX. LES DEUX SALONS DE 1890 avec trois mandements de la R. ✝ C. (Dentu).
XX. LES DEUX SALONS DE 1891.
XXI. LES DEUX SALONS DE 1892.

(INTRODUCTION à l'histoire des peintres de toutes les écoles depuis les origines jusqu'à la Renaissance, avec reproduction de leurs chefs d'œuvre et pinacographie spéciale, in-4°, format de Charles Blanc : *L'Orcagna* et l'*Angelico*, 5 francs. — *Rembrandt*, 1881 (épuisé).

L'ART IDÉALISTE ET MYSTIQUE

Doctrine de la Rose ✝ Croix, 1 vol. in-18, CHAMUEL, 3 fr. 80, 1894

LE THÉÂTRE DE WAGNER, les onze opéras scène par scène

LES XI CHAPITRES MYSTÉRIEUX DU SEPHER BERESCHIT, version roseecrucienne

PLACET

AU

PRÉSIDENT DE LA RÉPUBLIQUE FRANÇAISE

MONSIEUR LE PRÉSIDENT,

J'ai publié trente volumes ; si vous en ouvrez un, vous saurez que je suis Théocrate.

Votre prédécesseur était le mauvais riche. Vous avez le prestige du travail matériel ; je suis un ouvrier d'immortalité, ma partie, c'est l'idée.

Cette industrie, vous ne l'ignorez pas, n'a plus aucun client : sous la troisième république, on ne pense ni on ne raisonne, mais on va au théâtre.

Un de vos prédécesseurs qui s'appliquait à bien présider, demandait un jour, quel était le plus grand génie de son siècle. On lui répondit mal : le plus grand génie du xviiᵉ siècle s'appelle Jean Racine. Ce poète prodigieux retrouva l'art incomparable de Sophocle. Ai-je retrouvé quelque chose de l'art Racinien ? Cette postérité qui nous jugera tous deux et devant laquelle je puis vous protéger, à mon tour, en décidera. Je ne me compare pas à l'auteur de *Phèdre* pas plus que vous ne vous égalez, ce semble, à Louis XIV ; mais toute valeur est relative et quand vous montez, sans plus de façon au trône de Saint-Louis, je puis croire que j'ai quelque droit, à être joué au Théâtre Français.

Vous savez qu'Eschyle c'est Homère au théâtre, que son *Prométhée* passait pour son chef d'œuvre ! Eh bien ! de cette trilogie une seule tragédie restait, j'ai refait les deux autres.

Emile Burnouf, l'helléniste et le sanscritisant indiscuté, qui dirigea quatorze ans l'école d'Athènes a témoigné, en ces termes :

« *J'ai donc lu votre double composition encadrant l'œuvre d'Eschyle et je trouve à votre œuvre le caractère grec aussi complet qu'on peut le désirer. Je n'ai rien trouvé dans votre composition qui ne soit conforme à la tradition et aux usages du théâtre grec du temps de Périclès... il n'y a rien de superflu dans le développement que vous avez donné à l'idée antique et je ne vois pas non plus ce qu'on y pourrait ajouter.* »

Maintenant connaissez M. Claretie et tout le Comité :

La commission d'examen n'a pas cru pouvoir réserver pour la LECTURE *votre tragédie de* PROMÉTHÉE ENCHAINÉ. *L'avis général est que la* FACTURE *n'en saurait convenir à la Comédie Française.*

Or, la facture qui disconvient à MM. Boucher, Le Bargy, Leloir et consorts est celle d'Eschyle, car ils ont refusé, les Mascarilles, la seule partie qui ne soit pas de moi, l'*Enchaîné*.

Cela s'est fait sur le rapport de M. Cadol, l'immortel auteur des *Ambitions de M. Fauvel* et de l'*Affaire est arrangée.*

Vous connaissez quel homme est M. Claretie, vous n'avez donc qu'à exprimer un désir, il sera exécuté comme un ordre.

Napoléon III fit représenter *Tannhauser*, ferez-vous représenter *Prométhée ?*

Je n'ai pas, comme le Titan de Bayreuth, une princesse de Metternich dans mon jeu, et j'ai tout le monde contre moi.

Vous vous informerez, sans doute, et on vous dira, non plus que je suis fou, cela se disait il y a cinq ans, mais on y a renoncé — on vous dira que je suis un mauvais citoyen. A cela je vais répondre, comme j'aurais répondu à Ludovic Le More, si j'avais eu le bonheur de vivre, en son temps.

Moi, très illustre seigneur, ayant considéré avec attention jusqu'à ce jour les résultats de ceux réputés maîtres et recteurs en matière de gouvernement et ayant reconnu que l'invention et le résultat de leurs moyens ne sont rien de plus que ce que l'on a mis en usage jusqu'à présent, je ferai mes efforts sans chercher à nuire au mérite des autres, pour me faire entendre de votre Excellence, en lui donnant connaissance de mes secrets. Et en attendant qu'il se présente une occasion de les mettre en pratique, selon votre plaisir, je vous en donnerai une note ci-jointe.

I. J'ai un moyen de voir et d'entendre à la plus grande distance, applicable aux conseils des ennemis et supprimant l'espionnage. II. Je sais de quelle manière attaquer l'homme privé dans l'homme d'État et changer ses vues par des réactions simplement passionnelles. III. *Item.* Si on ne pouvait agir sur la personne d'un monarque, je saurais l'actionner au moyen d'une tierce personne qui lui serait liée par le sang ou la sexualité. IV. Je possède le secret de découvrir les bons et les mauvais penchants et leur créer des occasions d'éclat.

V. *Item.* Au moyen du dynamisme nerveux, tel que le produit la vie ascétique, je puis projeter de la force selon une volonté donnée, exaltante ou déprimante.

VI. *Item.* En formule de paix et d'intérieur, je crois pouvoir remplir et sans craindre la comparaison avec personne, l'office de métaphysicien, soit enseigner une élite, soit donner une méthode à n'importe quelle activité.

Item. Je puis conduire et mettre à fin toute espèce de travaux théoriques, soit par la parole, soit par la plume.

Item. En littérature, je puis faire ce que l'on désirera, tout aussi bien que qui que ce soit.

Vous riez M. le Président, l'opinion de 1889 vous paraît l'exacte et me bien désigner ?

Je viens simplement de copier la fameuse lettre de Léonard de Vinci, en remplaçant la physique par l'hyperphysique, les arts par les lettres.

Vous n'avez que faire, n'est-ce pas, de ces visions à distance, du contre-point passionnel et du dynanisme ascétique, non plus que des bombardes, des fumées, des chemins creux, des chariots couverts du sublime Florentin. Je consens à ne pas vous embarrasser de ces mystérieux objets, mais permettez-moi une question — républicaine celle-là, — le travail intellectuel est-il déshonorant, l'homme de pensée, l'homme d'art a-t-il droit aux Trois Huits. L'intelligence, enfin, est-elle tolérée, comme la prostitution au moins, sous la troisième république.

Celui qui a refait deux tragédies d'Eschyle pourrait-il mourir de faim : voilà un terrible sujet de méditation pour un chef d'État.

Un fils de Beethoven (mort en 1827) serait réduit à la

mendicité depuis 1887, malgré que les œuvres de son père forment un tiers des programmes de musique dans tout l'univers : car la propriété intellectuelle n'est pas reconnue en ce siècle d'équité.

Si je n'avais pas de quoi vivre, que feriez-vous pour moi, Monsieur le Président, me donneriez-vous une inspection des Beaux-Arts ?

Cela est douteux, car j'ai donné de telles preuves de compétence ; j'ai tant écrit et enseigné, j'ai fait ce qu'aucun particulier ne tenta jamais, un salon annuel et celui qui ferme ses portes, en ce moment est le quatrième . J'ai déterminé un mouvement d'art idéaliste, j'ai prodigué mon temps, mon argent, j'ai sacrifié mon œuvre personnelle souvent à la rénovation des arts latins.

Et voulez-vous savoir ce que j'ai reçu, en échange, de l'État l'insulte par la voix de la justice ! Quand je suis venu lui demander de punir des calomniateurs, elle m'a répondu que les filles et les penseurs n'avaient pas d'honneur à défendre et m'a condamné aux dépens.

Savez-vous ce que je représente pour le pays que vous présidez, un *chargé de la conduite des charrettes pour la réquisition du fourrage, en cas de mobilisation.*

Un jour, je commis un singulier crime, je ne lus pas une affiche qui commandait de dire présent à un appel ! Je n'y avais pas mis de malice, certes, mais il m'arrive de ne sortir que le soir, de ne pas rechercher les abords des mairies et même, acte séditieux, de méditer en marchant. Je fus mis en prison, en plein hiver et je vis toute la férocité de l'officier. Chaque fois qu'il plaît au gouverneur de la ville de Paris de placarder je me trouve menacé de mort, faute d'être un museur, homme de café et de flanerie et lecteur de gazette : je n'ai jamais vu la Patrie que dans l'éclair sauvage des yeux militaires, je ne connais de la France que sa baïonnette tournée contre moi.

Vous avez d'excellentes raisons d'être patriote, Monsieur le Président, la France vous a donné ce qui lui reste de royauté ; je n'ai connu que les corvées, les dîmes et les vexations.

Voulez-vous que je vous peigne d'un trait épouvantable ma vraie pensée !

Je crois que mes tragédies sont des œuvres, je crois que *Babylone* et les deux *Prométhée* vivront ; je crois que j'en puis faire trente semblables.

Eh bien ! si je les signe, c'est que je n'ai pas pu les vendre.

Oui, contre l'or qui permet de vivre errant, je donnerais ce qu'on appelle mon génie.

La France m'a été si mauvaise qu'elle m'a dégoûté de la gloire! Que cet aveu venge en un moment et les d'Aurevilly, et les Villiers, et les Berlioz, et les Francks, et les d'Olivet, et les Lacuria!

Si vous vous souvenez du *Symposion*, vous allez me répondre : « Chez l'être doué de fécondité intellectuelle, chez le mâle spirituel, invincible est le mouvement qui le pousse vers la Beauté ; car il souffre de porter son verbe, et comme une femme enceinte, il aspire à être délivré. La beauté Socrate, n'est pas l'objet de l'amour — l'objet de l'amour c'est la génération et la production dans la Beauté. »

Je n'ai pas dit que je cesserais de produire : j'ai nié qu'il y eut quelque satisfaction à cela, sous la troisième république.

Que la guerre, cette Circé, qui change tous les hommes en brutes, me métamorphose en charretier, cela n'est pas ma

vraie rancœur. Que suis-je, pendant la paix ? un mauvais
citoyen, vous dira-t-on, et contre cela je m'élève.

Voulez-vous que j'enseigne la Logique, la Métaphysique,
la Politique, l'Esthétique, même l'Hyperphysique, aux can-
cres élus du suffrage universel ?

Je ne refuse pas : c'est vous qui refuseriez, parce que
Logique, Métaphysique, Politique, Esthétique et Hyperphysique sont des démonstrations de Dieu, et que vous êtes le
chef d'un Etat *laïque* d'un état athée.

Ma compétence en matière de Beaux-Arts voulez-vous
l'employer : mais comme elle est indéniable, on arguera de
mes habits, quelques mètres de velours et de satin qui ont
bien fait du bruit — ils sont usés depuis longtemps, et
quoique je ne crois guère à la Patrie, je suis prêt à sacrifier
sur son autel, mes cravates de dentelles, si elles pèsent si
lourd dans le jugement de mes contemporains que de l'emporter sur mes mérites.

Et maintenant que me voilà, en tout semblable à l'élec-
teur éligible, quel changement va s'opérer dans ma condition
de charretier en temps de guerre et « d'entrepreneur de spec-
tacles et d'exhibitions en temps de paix » comme me qua-
lifie ce tribunal de commerce qui traite toujours mes pauvres
intérêts comme la huitième chambre mon honneur, comme la
douane ma liberté, m'emprisonnant pendant huit heures,
pour quelques cigarettes, malgré l'offre d'une caution de
mille francs (Baisieux, 6 novembre 1893.)

Pourquoi ces plaintes, direz-vous; le Prométhée d'Eschyle
répondrait :

« Crois-tu donc que je souffre seulement en moi-même, je
« souffre dans mes frères;.... » je serais un simple homme de

lettres et c'est peu; si j'oubliais un moment la dignité des ancêtres et le sort des neveux.

L'âcreté de ma plainte est faite du martyrologe de tous aèdes passés et futurs ; je ne suis que ce coryphée de l'histoire qui surgit pour annoncer aux époques maudites, l'approche des terribles Erynnies.

L'écrivain et l'homme d'Etat s'intéressent d'abord à eux-mêmes, et cette phase pourrait s'appeler la puberté de l'esprit : grandissant on arrive au dédain de soi, à l'amour de l'idée.

Vous autres vous avez la chose publique ; nous avons la chose éternelle.

Or, moines et penseurs, citoyens de l'infini, nous ne pouvons cesser notre prière, ni notre œuvre. Nous sommes résignés à tout, sauf à renoncer la vie, la voie et la lumière !

Voilà pourquoi la voie du théâtre qui peut être purifiée jusqu'à devenir une voie sacrée, m'étant barrée par de vaines gens, — sans intrigues, ni menées avec le courage ou la témérité de mon droit, — comme j'ai adressé un placet au ministre l'an dernier, j'en adresse un nouveau au chef de l'État.

Honnête homme, malgré la magistrature française qui m'a calomnié en approuvant mes calomniateurs, par ses arrêts ; en même temps que je demande, j'offre.

Je demande que le Théâtre Français me soit ouvert ; j'offre de remplir telle fonction des Beaux-Arts, enseignement ou inspection : car je ne suis pas un mauvais citoyen mais seulement un citoyen d'éternité.

Mes amis, Monsieur le Président, m'ont dit très fortement que j'étais dans un tort extrême de chercher quelque scène à l'étranger ; que de tout temps l'artiste s'est adressé au chef de l'État et que je méconnaissais les traditions. Eh bien, soit !

Ne vous méprenez pas à quelques rigueurs d'expression ; il y a entre nous, un abîme, il y a le *De Monarchia* du Dante ; ce n'est pas à moi de le combler, avec de la bassesse, c'est à vous, qui avez la puissance avec de la magnanimité.

Monsieur le Président, je vous fais roi ! Votre intendant des théâtres, Claretie m'a éconduit ; voici une œuvre digne d'être protégée, même par un empereur.

Que Louis II de Bavière, d'une mortelle mémoire vous inspire ; il sera beaucoup pardonné à ceux qui, ne fût-ce qu'une fois, auront aimé la beauté, qui est la visibilité de Dieu.

Avec les sentiments d'un théocrate.

SAR PELADAN.

DRAMATIS PERSONNÆ

—✳—

PROMÉTHÉE . . . .
ÉPIMÉTHÉE . . . .
HERMÈS . . . .
HÉPHAISTOS . . . .
HÉRAKLÈS . . . .
OCÉAN . . . .
ATHÉNÉ . . . .
IO . . . .
PANDORE . . . .
LE POUVOIR . . . .
LA FORCE, parèdre du Pouvoir, personnage muet.

Chœurs de MORTELS, d'OCÉANIDES et de TITANS

━━━━━•◦◦◦◦•━━━━━

L'action du PORTEUR DU FEU se passe sur l'Olympe et au vallon de Tempé

Celle de l'ENCHAINÉ sur un sommet de Scythie

Celle du DÉLIVRÉ, au sommet du Caucase

PROMÉTHÉE PORTEUR DU FEU

LA PROMÉTHÉIDE

PROMÉTHÉE
PORTEUR DU FEU

ACTE I

L'OLYMPE

Le fond comme les coulisses, les bandes d'air et les bandes de terre, figurent des nuées immobiles, évasées vers le spectateur et allant se retrécissant jusqu'au fond, où un autel, tenant le milieu de la scène, porte le Feu sacré, qui doit se détacher fortement sur la lumière diffuse et bleutée de l'atmosphère.

Si l'acoustique le permet, ATHÉNÉ doit garder le troisième plan, HERMÈS le second, PROMÉTHÉE seul, évolue au premier.

Quand le rideau s'ouvre, la scène est vide; on entend d'abord le cri des Dieux, puis Hermès vient du dernier plan de gauche, il porte la tunique courte et sans manches, le pétase, le caducée, les talonnières; Athéné casquée, avec l'égide, le bouclier rond, la lance d'or ; Prométhée porte la tunique courte et sans manches, le péplos rejeté en arrière, de hauts cothurnes; il a la chevelure brune et abondante, sans bandelette.

1

SCÈNE I

LE CHŒUR DES DIEUX (invisible), — **HERMÈS**

LE CHŒUR DES DIEUX (invisible)

Victoire à Zeus, Pantocrate du Monde, Victoire !

HERMÈS (à la cantonade)

Victoire au Père ! (il descend un peu)
L'Olympe retentit d'une clameur joyeuse !
Après dix années de combat, les Dieux célèbrent leur triomphe.
Les Titans, foudroyés avec le vieux Kronos,
gémissent dans l'Hadès, au fond du Tartare insondable ;
un seul maître, absolu désormais,
règne sur les Daïmons et sur le monde.
— Enivrés de nectar et repus d'ambroisie,
les Immortels vainqueurs s'accoudent souriant aux lits d'ivoire.
Mon Père leur partage, en ce jour, les attributs, les apanages ;
mais sa sérénité, à ce moment vermeil,
s'inquiète de la race éphémère :
il veut savoir l'effet produit sur les mortels,
par cet ébranlement terrible :
tous les Dieux contre tous les géants.
— Je pourrais m'épargner ce voyage ;
les mortels ont dû se terrer, comme des animaux, pendant l'orage,
et maudire, à la fois, Titans et Olympiens !
(Athéné paraît) Voici la vierge guerrière,
la sage enfant de Zeus, que la gaieté bruyante écarte du banquet.

SCÈNE II

HERMÈS, — ATHÉNÉ

ATHÉNÉ

Pourquoi t'éloignes-tu, du festin de Victoire?

HERMÈS

Notre Père m'envoie connaître
le sentiment humain, sur la divine bataille.

ATHÉNÉ

Interroge d'abord Prométhée, patron des éphémères.
Il se tient à l'écart, avec la contenance d'un vaincu...

HERMÈS

Il donna la victoire, en conseillant à Zeus
la délivrance des Cyclopes.
Ceux-ci, reconnaissants, livrèrent, à la fois,
l'éclair, la foudre et le tonnerre;
et le tonnerre fut vainqueur.

ATHÉNÉ

Tu oublies la vaillance des Dieux!

HERMÈS

Les Titans nous valaient en courage.
Dix années du haut de l'Othrys, ils tinrent tête;
et l'Olympe parfois frémit d'anxiété!
— S'ils avaient écouté les lumineux avis de Prométhée,
jamais Zeus n'eût régné, pantocrate de l'univers.
— Kronos et ses géants se fiaient, en leur force physique;

ils dédaignèrent la sagesse daïmonique,
et le fils de Thémis, désertant une cause perdue,
offrit à Zeus son appui et celui de sa mère.
« O fils de Rhée », dit le Titan,
« délivre les Cyclopes et les Hécatonchires, au Tartare enfermés
« et je te promets la victoire. »
Par ma célérité à parcourir l'espace,
j'ai assisté à la Théomachie, jusqu'en ses épisodes :
certes, les Dieux ont été des héros!
Apollon a percé de ses flèches Porphyrion, Alcyonée;
il creva les yeux d'Ephialtès.
Le thyrse de Backhos assomma Euritus;
sous l'outil d'Héphaistos, la cervelle de Klytios jaillit;
Polybotès crut se sauver, la terre de Kos l'engloutit.
Artémis tua Gration; Agrios tomba sous le glaive d'Arès,
et malgré sa massue de fer, Thoos éprouva le trident de Poseidon.
Toi-même, tu vainquis, Pallas, avec la lance;
et tu précipitas Encelade, aux gouffres de Sicile.
— Malgré ces prouesses insignes,
le monstre aux cent têtes, Typhon,
lançait la mort par la bouche et les yeux ;
il fallait le combattre de loin.
Et le terrible Atlas, saisissant des collines,
discobole prodigieux, les lançait sur l'Olympe!
Vainement, les Hécatonchires délivrés,
Briarée, Kottos, et Gyas faisaient rouler
des blocs énormes sur les Titans.
Ceux-ci, héroïques, entassaient Pélion sur Ossa,
et, ainsi parvenus à mi-flanc de la montagne sainte,
l'escaladaient déjà, irrésistible assaut!
Pareils aux taureaux que le bruit du combat excite,
les éléments s'ameutèrent entre eux.
Contre ces Titans et ces Dieux qui troublaient son repos séculaire,
la nature entière se leva!

L'armée des flots marins envahit les rivages;
les vents, tous ensemble, hurlèrent;
sous le piétinement de la mêlée, la terre se fendit;
l'Olympe chancela sur sa base!
Les Kronides poussaient une telle clameur
qu'au fond du firmament, les étoiles pâlirent.
Aphrodite pleurait, serrant Eros dans son giron;
Héra jetait des cris affreux; les Grâces grimaçaient;
les Heures immobiles regardaient les Muses stupides;
Une angoisse de mort étreignit tous les Immortels,
et Zeus lui-même, Zeus eut peur!
Prométhée, spectateur immobile, cria soudain,
comme un pilote aux nautes affolés, dans la tempête:
« Oublies-tu le don des Cyclopes, Fils de Rhée,
« le trait fulgurant, l'oublies-tu?
« Lance la foudre, ou bien tu es vaincu. »
Et notre Père, alors, dans un crépitement d'éclairs éblouissants,
pour la première fois, se servit du tonnerre!
A cet éclat livide, à cet effroyable vacarme,
aux torrents mortels de la flamme,
les Titans laissèrent retomber les rochers qu'ils levaient.
D'une main inlassable, Zeus lançait la foudre.
Kottos, Briarée et Gyas, s'étaient croisé les bras, comme inutiles.
Le trait souvent n'atteignait pas les Aloades,
fendait les monts, incendiait les bois;
l'éther lui-même, par instants, s'embrasait!
Aux lueurs fulgurantes, on voyait les Titans tomber
côte à côte, aveuglés, assourdis, paralysés, brûlés!
Nous-mêmes sur l'Olympe, l'œil ébloui,
l'oreille bourdonnante, les bras inertes, la poitrine oppressée,
suffoqués par le feu de l'atmosphère,
tremblant d'une fièvre indicible,
vacillant d'un vertige d'agonie,
nous pensions que l'univers allait finir!

Et Zeus tonnait toujours !
Il foudroyait, non plus les Titans vaincus, mais la Terre.
Il épuisa la force de son bras !
Le vainqueur d'aujourd'hui, Fille de Zeus,
c'est Prométhée ou le tonnerre !

ATHÉNÉ

Parole indigne d'un fils !
Quel bras eût manié la foudre, comme le bras du Père ?

HERMÈS

J'honore également le bras de Zeus,
l'industrie des Cyclopes et le génie de Prométhée.

ATHÉNÉ

Docile aux ordres, indépendant d'esprit,
tu ne respectes pas ces Immortels que tu sers avec zèle.

HERMÈS

Je suis le messager, indifférent à son message ;
on m'envoie, je vais : confident et complice de tous les Dieux,
je n'en vénère qu'un. . . . . .

ATHÉNÉ

Ton Père, Zeus !

HERMÈS

Non, le maître de mon père : le Destin !

ATHÉNÉ

Nul n'a vu le Destin : on sent sa volonté
qui pèse sur la nôtre, et c'est tout.

HERMÈS

Le vrai Dieu est celui qui, ne se montrant pas,
paraît en toute chose.

ATHÉNÉ

Le Destin est aveugle.

HERMÈS

Qui l'a dit? Ceux qui étaient frappés.
Nous sommes des aveugles, nous, les Dieux passionnés !
Veux-tu que je t'avoue quand j'ai douté de Zeus?
A l'instant même de sa gloire !
Il faisait trop de bruit, il lançait trop de foudre ;
ce n'était qu'un Titan vainqueur.

ATHÉNÉ

Si le père entendait ?

HERMÈS

Il sourirait, dedans sa majesté.
Il m'apprécie comme courrier ; que lui importe ma pensée!
— Je ne resterai pas ce que je suis, ô Athéné !
J'ai inventé la lyre et je trouverai mieux.
Le mystère me hante et me passionne ;
je sais que Zeus obéit au Destin ;
je saurai quelque jour, à qui le Destin obéit ?

ATHÉNÉ

Ce sont là des propos dignes de Prométhée !

HERMÈS

Prométhée voit loin, en effet, jusqu'aux confins de l'avenir
mais son esprit gêné se perd dans un bizarre amour de la justice

il s'émeut, il s'indigne, il pleure, il compatit ;

il a servi le Père, malgré qu'il le déteste.

Contre son cœur, sa raison sans cesse combat,

sans le fermer, sans l'endurcir :

lui qui n'a point de maux, souffre des maux d'autrui!

(Prométhée paraît) Regarde ce vainqueur, vois cette allure consternée!

Il médite pendant que les autres festoient.

Tu peux échanger avec lui de subtiles idées.

Je vais étudier les effets de la foudre sur l'éphémère.

ATHÉNÉ

Tu m'as jeté, dans l'âme, de la nuit !

Je ne parlerai pas à ce Daïmon, malgré qu'il prophétise ;

Il diminue la gloire paternelle!

je le déteste !

(Athéné disparaît à gauche, Hermès à droite, Prométhée à ce moment est au milieu
du troisième plan ; il descend en scène, avec lenteur.)

SCÈNE III

PROMÉTHÉE (seul)

Entêtés et brutaux, téméraires lutteurs,
qui mettiez votre foi en vos muscles,
vous que j'ai avertis, vous que j'aurais sauvés
si ma sagesse eût triomphé de votre aveuglement,
Titans, mes frères, où êtes-vous ?
Malheureux obstinés, qui méprisiez la feinte
et jugiez la prudence, indigne de vos cœurs ;
vous vouliez escalader l'Olympe,
vous voilà tombés dans l'Hadès !
Superbes et criards, vous campiez sur l'Othrys, avec Kronos,
vous répondiez par des clameurs à mes prières,
repoussant la Raison comme votre ennemie.
Maintenant !
La flèche d'Apollon vous a mieux convaincus, Porphyrion ? Alcyonée ?
Ephialtès, aveugle désormais, crois-tu que je voyais ?
Le thyrse de Bakkhos t'a démontré mon dire, Euritus ?
Klytios, t'es-tu souvenu sous les coups d'Hephaistos ?
Tu fuyais mes avis, Polybotès, tu n'as pas échappé au trépas !
Et l'épieu d'Artémis et le glaive d'Arès et le trident de Poséidon
ont prouvé mon oracle, ô Gration, ô Agrios, ô Thoon !
Réponds Pallas, et toi, Encelade, que les monts siciliens écrasent !
Et toi aussi, Typhon, qui râles épouvantablement !
Et toi enfin, Atlas, tu lançais des collines comme des disques,
tu entassais Pélion sur Ossa ;
maintenant, l'univers est entassé sur toi !
— Cris cessés, bras rompus, fureur stérile,
la foudre des Cyclopes vous a précipités, Titans !
ô muscles imbéciles qui aviez renié la Pensée !

Vous n'êtes pas les vaincus du tonnerre ;
la Moire, la loi d'harmonie vous avait d'abord condamnés.
— Ce monde est une lyre ; et chaque fois qu'un musicien
pervers ou malhabile y touche,
les cordes indignées se cassent et blessent l'imprudent.
L'Univers avec Zeus tiendra son équilibre :
vous étiez le désordre et vous fûtes vaincus ;
mais aujourd'hui vous êtes le malheur et je vous pleure.
Quelle immense pitié s'agite donc en moi ?
Est-ce une force ? une faiblesse ?
Quand mon esprit condamne, mon cœur encor s'émeut
et je suis seul à compatir ainsi, moi, fils de la Justice.
Les autres Dieux n'éprouvent pas
ce contre-coup des maux d'autrui, qui sans cesse me frappe.
— Toi que je sens, toi que je sers, sans te connaître,
que j'appellerais Dieu, si j'ignorais les Dieux,
ô toi que le Destin manifeste,
qu'attends-tu donc de Prométhée ?
et pourquoi m'as-tu fait un cœur si douloureux,
me créant Immortel ?

SCÈNE IV

PROMÉTHÉE, — ATHÉNÉ

ATHÉNÉ

Pourquoi errer, farouche, à l'heure de ta gloire, Titan subtil !
Mon Père distribue les charges, les honneurs ;
Approche, demande, toi qui as mérité !

PROMÉTHÉE

Ce que l'on m'offrirait, Athéné, je le dédaigne ;
et nul ne peut donner ce que j'accepterais.

ATHÉNÉ

Mon Père est tout-puissant.

PROMÉTHÉE

Oui, depuis quelques heures.

ATHÉNÉ

Pour toujours !

PROMÉTHÉE

Je le souhaite !

ATHÉNÉ

Excellent vœu ! qu'accepterais-tu donc
que Zeus ne peut donner ?

PROMÉTHÉE

Ne provoque pas mon dédain de la gloire olympienne !

ATHÉNÉ

Enonce ta pensée?

PROMÉTHÉE

Qu'est-ce, un Daïmon et qu'est-ce, un Dieu?
Tous deux sont immortels.
Mais le Dieu, confirmé en ses prérogatives par le Destin,
ne saurait déchoir ni monter; ce qu'il est, il le sera toujours;
le Daïmon, au contraire, libre en son devenir,
s'il risque de tomber peut aussi s'élever sans limites.

ATHÉNÉ

Je sais cela !

PROMÉTHÉE

Eh bien! quand Zeus me donnerait une charge éclatante,
ma personnalité serait-elle augmentée?'
Le cothurne hausse-t-il la réelle stature?
Si un décret des dieux t'attribuait la beauté d'Aphrodite
et lui reconnaissait ta sagesse, Athéné, — serait-ce vrai?
L'éphémère adore et redoute les Dieux, confins de sa pensée;
mais pour un Dieu, l'idéal. . . . .

ATHÉNÉ

Pour un Dieu, l'idéal c'est lui-même!

PROMÉTHÉE

Tu n'imagines pas, Déesse, un Dieu qui te surpasse?

ATHÉNÉ

Mon père !

PROMÉTHÉE

Et, au-dessus de lui?

ATHÉNÉ

Rien, ni personne !

PROMÉTHÉE

Fille pieuse, ton sexe se découvre, quand il te faut penser !
Tu oublies le Destin.

ATHÉNÉ

Zeus l'incarne !

PROMÉTHÉE

Depuis quand ? jusques à quand ?
Ouranos, lui aussi, incarna le Destin,
jusqu'au jour où son fils Kronos le mutila
et l'enferma dans le Tartare.
Zeus aujourd'hui s'assied, troisième, sur le trône.
On lui doit obéir et mes actes le montrent.
Sur tous les Immortels, devant la Justice, il l'emporte.
Chacun a de pareils défauts, aucun ses belles qualités.
Il mérite le sceptre; en lui s'incarne
l'idée de l'harmonie, de l'ordre; et je l'aidai à triompher !

ATHÉNÉ

Sages paroles, pour un Titan !

PROMÉTHÉE

Et conduite opposée, je me diminuerais pour une récompense !
Je subirais le déshonneur de quelque emploi céleste,
à l'instar des Hécatonchires, devenus geôliers des Titans !
Mon rôle est fini près des Dieux !

ATHÉNÉ

Tu veux quitter l'Olympe ?

PROMÉTHÉE

Oui, pour la Terre !

ATHÉNÉ

Et les Heureux ?

PROMÉTHÉE

Oui, pour les Éphémères !

ATHÉNÉ

Ces êtres avortés t'intéressent ?

PROMÉTHÉE

Ils sont petits, ils sont souffrants, ils ont besoin d'amour et d'aide ;
aux Daïmons ils ressemblent, moins l'immortalité ;
car ils évoluent par eux-mêmes.
Zeus les oublie.

ATHÉNÉ

Zeus a l'esprit présent à l'univers créé
mais c'est si bas, si brute, l'éphémère !
Le Père a résolu d'anéantir l'Humanité
et de la créer à nouveau !

PROMÉTHÉE

Détruire les humains ? de quel droit ?
Pour quel crime ? En vertu de quelle sentence ?
Ceci n'aura pas lieu, je le défends, cela ne sera poin , je l'atteste !
— Déplorables Mortels, on vous laisse pâtir,
sans un secours dans vos détresses,
et lo-squ'on se souvient, entre deux coupes de nectar,
on ordonne votre trépas !
— Holà, les Erinnyes viendraient plutôt hurler ici
l'hymne sans lyre et lever leurs fouets sur les Dieux !

Les humains sont sauvages, brutaux et dérisoires.
Qui donc les enseigna? Qui prit soin d'eux?
— Tu as donc oublié ce jour, Athéné,
où tu m'aidas à créer l'homme.
Je pétrissais, fiévreux, le limon du chaos,
et j'hésitai longtemps. Combien d'essais infructueux !
C'était un difficile ouvrage : puis, je me décidai
et je fis l'homme à mon image
O toi, qui donnas l'âme, en place de ton père,
ne sens-tu pas ton cœur devenir maternel
pour l'éphémère ?
Je me proclame ici, Prométhée, patron des humains !
Quoi, j'abandonnerais l'être qui me réflète,
l'ouvrage de mes mains,
sculpteur indifférent au sort de sa statue
et père sans entrailles pour les fils de son Verbe !
— L'avenir se dévoile, écoute mon oracle :
un jour, Fille de Zeus, désertant l'honneur Olympien,
tu lui préfèreras les hommages de l'homme ;
tu donneras ton nom à une ville d'éphémères
et tu habiteras, joyeuse, le Temple qu'ils te dédieront.
Alors, ô Athéné, farouche et passionnée pour ton peuple et ta ville,
on te verra lutter contre ton père, toi si soumise maintenant.
Un grand amour agitera ton cœur, sous l'égide,
tu concevras un dévouement sans borne,
tu montreras une infinie bonté ;
et tu seras Déesse, en vérité !
Oui, votre gloire à tous, ô Dieux, vous viendra de la Terre !

ATHÉNÉ

Fils de Thémis, je suis le reflet de mon Père,
et ne crois qu'aux oracles de sa bouche sacrée ! (Exit.)

PROMÉTHÉE

Souviens-toi, seulement !

SCÈNE V

PROMETHÉE (seul)

Oui, j'ai trouvé ma voie ; oui, j'ai conçu mon œuvre ;
je ne sens plus le poids de l'immortalité.
Cette idée sommeillait au fond de ma pensée,
elle s'éveille, et m'éblouit de sa clarté.
Ah ! reprendre mon grand office,
replacer l'homme entre mes mains
et lui modeler l'âme comme j'ai fait le corps !
— Détruire les mortels ! Zeus se complait à manier la foudre
et voudrait s'entretenir la main !
Je veille, et Adrastée, Alastor, Némésis elle-même m'assisteraient !
— Humanité stupide et morne,
ô dernière venue dans la série des êtres ;
ai-je raison de croire en toi ?
— Le Créateur m'a-t-il choisi pour vous guider
Éphémères instinctifs, postulants à l'Intelligence ?
— Ils vivent à cette heure, comme les animaux ;
plus dénués, plus faibles que la bête armée de griffes, vêtue de poils.
Dans les cavernes, au creux des arbres, ils habitent tout nus.
La nature, autour d'eux, étale ses richesses ;
les saisons reviennent harmonieuses ;
le fruit succède aux fleurs et l'aurore à la nuit,
et leur imprévoyance hébétée se lamente.
Ils ont froid dans la forêt immense,
ils ont faim au milieu de la végétation nourrissante.
— Il suffirait qu'une bonté intelligente
leur enseignât l'art de la vie.
Ce devoir glorieux, Zeus le dédaigne
cette auguste mission où tous les Dieux

devraient paraître, ne préoccupe qu'un Daïmon !

O mystère insondable,

les plus puissants, les mieux doués, les douze Heureux

ne possèdent pas à eux tous un atome de vraie bonté.

Moins raisonnables en leur vouloir,

que la force cosmique en sa norme,

ils n'ont jamais senti le devoir de leur force

et s'arrogent les droits d'égoïsme cruel.

Ce n'est pas mon orgueil qui s'égare,

quand je m'élève au-dessus d'eux !

Le sentiment digne du Dieu unique

qui créa la matière et l'esprit,

est cette charité qui habite mon âme

et qui meut mon esprit, entêté de justice.

Luise le jour d'un grand courage;

vienne l'instant du noble effort;

j'opposerai, rival étrange, à la foudre, à la ruse, à la lance,

mon cœur plein de pitié, mon cœur plein de tendresse,

mon cœur saignant des maux d'autrui !

Humanité, si laide et si basse et si brute,

dis-toi, parmi tes songes effrayants,

qu'une égide te protège et te couvre

le cœur battant de Prométhée !

SCÈNE VI

PROMÉTHÉE, — ATHÉNÉ

ATHÉNÉ

Je veux parer l'éclat de ton humeur séditieuse
et conserver la paix entre les Immortels ;
on décide du sort des Éphémères !
Parais, plaide leur cause,
demande leur salut, pour récompense de ton aide.

LE CHOEUR DES DIEUX (invisible)

Règne éternel à Zeus, mort aux humains !

PROMÉTHÉE

Ces cris de mort, poussés à table, les entends-tu, Destin ?
Ainsi, le cœur des Dieux exhale sa beauté
Ainsi, leur égoïste idée s'avoue cynique !
Ainsi, parait leur divinité fausse !
Sais-tu, Fille de Zeus, comment le vrai Dieu se révèle ?
Par la bonté : père des créatures, il ne maudit jamais ;
il avertit, il enseigne, il punit, mais it ne détruit pas.
Oui, Zeus n'est qu'un roi, Athéné,
il règne sur l'Olympe, mais un autre règne sur lui :
et je suis le héraut redoutable de ce Dieu suprême et caché.
Destin ! tu entendis leur cri sauvage !
Écoute maintenant celui qui va parler ;
il se nomme : le Fils de la Justice ! (Exit.)

SCÈNE VII

ATHÉNÉ (seule)

Chaque parole du Titan m'irrite et je l'écoute
Il porte en lui, je ne sais quelle flamme,
une ardeur généreuse, un tel souci d'autrui,
un tel oubli de soi,
qu'il s'agisse de Zeus ou bien des Éphémères,
que je reste attentive et muette à ses dires pervers.
— Mon esprit se refuse à décider entre mon Père et lui.
Juger Zeus, le condamner peut-être, moi, sa fille !
Impiété ! ce Daïmon n'est qu'un factieux,
un habile, qui devançant les Dieux auprès de l'Éphémère,
veut nous ravir le sceptre de la Terre
Si ses actes sont fourbes, ses paroles démentes,
par sa mère Thémis inspiré, il connaît l'Avenir.
Prométhée seul avec Apollon, reçut le don de prophétie.
Comment me dérober au trouble qu'il me jette ?
— Je donnerai mon nom à une ville d'éphémères !
j'habiterai, joyeuse, le temple qu'ils me dédieront
Alors, farouche et passionnée pour mon peuple et ma ville,
on me verra lutter contre mon Père même
— Je ne puis à cette heure l'interroger ;
l'ivresse du triomphe escarboucle ses yeux.
Pour mériter ici, mon renom de sagesse,
ne rien trahir de mon penchant, ni du devoir
je me retire du conflit ;
que la volonté du Destin s'accomplisse !

SCÈNE VIII

ATHÉNÉ, — HERMÈS

HERMÈS

Pallas !

ATHÉNÉ

Pallas ?

HERMÈS

Je te donne le nom du premier que ta lance perça !
Ah ! Déesse, quel étrange contraste
entre la joie des Dieux et la stupeur d'en bas.
Le Père a prodigué ses foudres :
l'incendie des forêts dure encor.
La Thessalie entière porte les traces d'un cataclysme,
les grottes qui servaient d'asile, sont obstruées, détruites,
les animaux féroces, chassés de leur repaire
rugissent, errants et affolés :
inexprimable confusion !

ATHÉNÉ

Les Mortels ?

HERMÈS

Ils n'étaient que sauvages et les voilà stupides ;
il en est qui se tuent, ils refusent de vivre :
ce surcroît de terreur, l'imprévu de ces maux les ont découragés.
J'ai voulu proclamer que le calme établi ne serait plus troublé :
J'ai dit que j'étais Dieu ! Ils ont fui, pleins d'horreur,

se blottissant derrière les rochers, avec l'auroch terrible
et le mégathère effrayant.
Si le propre du Dieu est d'inspirer la crainte
je ne connaitrai pas de plus complets honneurs!
Les Immortels s'appellent, sur la terre,
l'incendie, le fléau, la blessure,
l'effroi, la maladie, le malheur et la mort.

ATHÉNÉ

Mon Père a donc raison de les vouloir détruire
ces méchants, ces impies ?

HERMÈS

Seul pourrait te répondre celui qui est caché
au mystère sans nom du Destin.
Ne les injurie pas, ces éphémères, accuse l'impiété des Dieux,
se désintéressant du sort des créatures.

ATHÉNÉ

Ta parole semble l'écho de Prométhée
Tu penses avec lui, tu agis avec Zeus.
Explique, Hermès, ta double nature.

HERMÈS

Mon intérêt commande d'obéir
mais ma pensée se plaît dedans la liberté.

ATHÉNÉ

Prométhée veut sauver l'éphémère.
Ne paraissons pas au débat :
laissons le Destin s'accomplir entre mon Père et le Titan.

HERMÈS

Bien dit, sage Athéné ; dans le présent confus,
respectons les secrets sublimes de l'avenir voilé. (exeunt)

SCÈNE IX

PROMÉTHÉE (seul)

J'ai sauvé les humains !

Sans moi, la foudre les eût abîmés dans l'Hadès !

Sans moi, Zeus ajoutait ce crime à sa victoire !

Infatué d'avoir vaincu ces Titans dont l'audace le menaçait,

il eut anéanti ces éphémères

dont l'infériorité humilie son orgueil de roi universel.

— « Etre le Dieu des hommes, » disait-il, quand je parus,

« autant s'intituler Dieu des fourmis ou Dieu des mouches.

« Qui donc, parmi les Immortels,

accepterait l'Humanité pour apanage ? »

— « Moi, Prométhée ! »

Sitôt sa verve tombe et son sourcil terrible se fronce ;

il revoit, en son infaillible mémoire,

le débat honteux pour lui, de Sicyone,

Lorsque les Daïmons et les Dieux disputèrent

et que chacun donna la preuve de sa subtilité ;

d'un bœuf immolé, je fis deux parts :

d'un côté les chairs et les entrailles enfermées dans la peau,

de l'autre, les os seuls mais bien couverts de graisse.

J'invitai le fils de Kronos à choisir ;

il se trompa sur l'apparence, il prit les os.

— Tout à l'heure, sitôt j'estimai les éphémères dédaignés,

qu'il eût souhaité se dédire ; mais son prestige aurait souffert.

« Je cède, Prométhée, à ton désir,

« je ne détruirai pas la race humaine

« Ainsi, envers toi, je m'acquitte. »

Je répliquai : « Tu cèdes au Destin, non pas à Prométhée.

« Je n'ai servi en toi qu'un Principe, une idée,

« car tu es l'ordre, ô Zeus, tu équilibres, tu conserves
« comme je suis l'individu qui ose et devancé les Temps »
Alors, il me lança, regard inoubliable, un défi de rival.
Je ne crains que pour l'homme ; moi, je suis immortel !
— Je leur ai dit à tous : « Olympiens,
« vous vous applaudirez, un jour, des audaces de Prométhée :
« quand la terre germera des temples, en votre honneur,
« quand la main des mortels vous aura éblouis
« de vos images sculptées et peintes.
Zeus a ri, et les Heureux, stupides courtisans,
éclatèrent d'hilarités inextinguibles.
Ils ne croient pas à l'avenir des hommes ;
à moi, incombe toute l'œuvre !
Je leur montrerai par l'exemple, ce qu'est un Dieu !
Je tarde ici, ma place est en bas où l'on souffre !
Mais comment éveiller le mortel qui sommeille
et le rendre attentif et docile à mes soins.
Comment frapper ces rudiments de l'être ?
par quel éclat ? — ou les séduire — mais par quel artifice ?
Il faut que je leur fasse un don qui les étonne et les soumette.
— Toi que je sens, toi que je sers, sans te connaître
que j'appellerais Dieu, si j'ignorais les Dieux !
O toi que la loi du Destin manifeste !
Toi qui a tout créé, Mortels et Immortels, inspire-moi !
Je l'éprouve au feu de ma pensée :
tu me pousses et je vais ; tu parles, j'obéis ;
instrument exalté de ton divin vouloir,
héraut pieux de tes desseins sublimes.
Mais je suis seul, hélas; en face de l'idée,
mon génie impuissant, s'embarrasse et se tait !
Sur l'être inaccompli, hébété par ses maux,
la raison, des paroles n'agiront pas.
Nul secours ne me viendra de l'Empyrée :
aucun être ne peut même comprendre ma pensée !

Entre le Dieu qui rit et l'homme qui s'effare,
entre ces deux stupidités, que faire, ô Prométhée ?

(Le feu de l'autel illumine, une seconde, le théâtre.)

Le Feu sacré soudain a dardé une flamme splendide ;.
elle s'agite et monte, on dirait qu'elle parle
et révèle l'arcane qui résout mon anxiété.
Ah ! soyons attentifs au présage.........
Je tressaille, l'espoir me caresse le cœur
comme aux instants où ma mère apparaît !

(Jusqu'à la fin, le feu s'agite et semble répondre au Titan et l'inspirer ;
analogie du buisson ardent.)

Symbole du parfait, ô synthèse du monde !
Elément absolu, ô fluide Soleil !
Mouvement de lumière. Feu glorieux !
Feu Tout-Puissant, Feu-Dieu !

Exauce la prière du Titan et finis son angoisse !
— Il est, loin d'ici, en bas, sur la Terre,
une race déshéritée qui vagit sous des maux écrasants ;
abandonnée des Dieux qui la voulaient détruire,
elle attend son Sauveur !

Elle t'ignore en ta bonté, ô Feu, cette race éphémère:
elle t'a vu briller au ciel et jaillir des cratères,
et foudre, fracasser les Titans ;
avec eux, les antres, ces refuges, et les bois séculaires.
Matière incorruptible, serais-tu le moyen de mon vœu :
serais-tu le salut des Humains ?
Ils sont nus : tu les défendrais de l'hiver atroce ;.
ils sont faibles : la flamme écarterait les bêtes voraces ;
ils sont errants : et ils s'arrêteraient autour de toi ;
ils ont peur : et tu les délivrerais des ténèbres.
O Feu puissant, réducteur de l'irréductible,
réalisateur d'impossible, ô maître de la Vie !
si tu étais aux mains mortelles,
la terre transformée ferait envie aux Dieux !

Viens régner, viens créer, viens réchauffer, viens luire !
Pantocrate de la matière, finis la barbarie
et purifie l'instinct ; désormais
que nul homme ne déchire la chaire sanglante avec ses dents
et ne ronge les os frais, comme un fauve.
Souris à ta gloire nouvelle, chose suprême
élément de mystère, dont je vois les prodiges
surgir, innombrables merveilles !
— Par toi, l'argile humide deviendra
la brique du premier toit, les flancs de la première amphore ;
parmi les pierres du foyer, ton autel,
une se liquéfie, voilà le fer qui coule !
Il se froidit pointe de flèche, pointe de lance,
et l'homme désormais combat de loin
comme Apollon, comme Athéné !
Voici encore les outils d'Héphaistos : le marteau et l'enclume ;
voici l'épée d'Arès, le glaive des héros ;
voici le soc de la charrue qui rendra la terre féconde.
Feu Sacré ! Feu Sacré !
Viens régner, viens créer, viens réchauffer, viens luire !
Vainqueur du froid et de la nuit :
toi qui seras le foyer et la torche,
toi qui seras et le toit et l'amphore,
toi qui seras le fer du laboureur et le fer du combat,
toi qui seras la nation et la ville et le temple ;
ô toi qu'attendent les Mortels, nouveau Zeus,
viens créer l'homme, une seconde fois,
pour la lumière et l'immortalité !
— Et vous, Mortels, tressaillez d'allégresse,
délirez en d'inouïs transports,
car vos maux sont finis, vous n'êtes plus les Ephémères !
Mortels, voici la flamme, voici la joie, voici les arts :
voici les inventions et voici les sciences ;
la civilisation commence !

Au nom de la justice qui enfin vous regarde,
Mortels, voici le Feu !

> (Il saisit le brasier dans ses mains et s'élance hors de la scène
> par la droite. Obscurité subite et totale)

LE CHŒUR DES DIEUX (invisible)

Règne éternel à Zeus, Pantocrate du Monde !

ACTE II

LE VALLON DE TEMPÉ

La scène est plongée dans l'obscurité complète; puis, elle s'éclaire graduelle-
ment, et comme jailli des brumes du matin, apparaît le vallon de Tempé.
Au fond, dans l'extrême lointain, la cime de l'Olympe.
Trois plans d'arbres magnifiques, végétation luxuriante, mais dans le goût du
Poussin.
Au milieu du second plan, l'autel où brûle le feu sacré.
A droite, seuil de la maison à colonnes de bois d'Épiméthée.
A gauche, un banc de verdure.
Il fait grand jour et il soleille quand Prométhée arrive de droite ; Hermès porte
le chapeau du voyageur avec bride, au lieu du pétase.

SCÈNE I

HERMÈS (e l, assis sur le tertre)

Depuis que je parcours, incessamment, le monde
de l'Olympe à l'Hadès,
jamais un tel étonnement ne s'imposa à mon esprit :
la terre inculte, sauvage, repoussante, a disparu ;
une sorte d'Olympe lui succède !
Au lieu de l'éphémère, ce brutal effrayé,
je contemple une race nouvelle,
qui ressemble aux Daïmons, moins l'immortalité.
— Le génie du Titan accomplit cette métamorphose
prodigieuse, inouïe, indicible!
Comme il sauva les Dieux, il a sauvé les hommes !
N'était le déplaisir de Zeus, je crierais ; Gloire à Prométhée! (Il se lève)

On ne voit plus cet être humain, l'œil inquiet,
la parole incertaine, tremblant à toute approche,
et se cachant derrière les rochers ;
ils sont vêtus, ils sont armés, ils sont hardis !
— Le Feu brillait, stérile, au sein de l'Empyrée;
Prométhée, sublime ravisseur, en le donnant aux hommes,
les fit d'un coup, victorieux et rois de la nature.
Devant la flamme, ils se rient de l'hiver.
Avec la torche, ils défient les ténèbres ;
et l'argile s'élève, en muraille, en maison,
ils savent maintenant recueillir les fruits de l'été
et jeter, à l'automne, le blé dans le sillon.
L'animal obéit à l'homme
et lui épargne les plus rudes travaux.
Sur les fleuves, ils ont lancé leurs chariots flottants.
Des flancs de la terre fouillée,
surgissent ces trésors, les métaux. (Il se rassied.)
— Si le Titan bornant lui-même son génie, s'était arrêté là,
son œuvre durerait, malgré l'ennui de Zeus.
Enseigner les choses de la terre aux terrestres
accomplissait la volonté obscure du Destin,
que seul des Immortels il avait deviné.
Mais Prométhée serait plus grand que Zeus
s'il ajoutait le sentiment de l'harmonie
à la fureur de son intelligence.
Archer qui n'atteint pas le but, mais le dépasse,
esprit exagéré, âme paradoxale,
il ressemble au torrent, à la fois, bienfaisant et terrible ;
alors qu'il devrait ordonner son dessein
selon le cours majestueux et lent d'un fleuve.
Le Daïmon a livré aux humains les célestes mystères :
contre la maladie, inventant des remèdes,
il a créé la médecine ;
bien plus, il a institué l'art du présage et des divinations,

expliquant le mouvement des astres ;
il a imaginé les lettres qui fixent la pensée ;
il a cultivé leur mémoire.
Enfin, sacrilège sans nom, il leur a révélé
la science des nombres, patrimoine des Dieux !
Tant de lumière prodiguée à d'imparfaites créatures
devait les égarer et non pas les conduire.
Déjà, semblables aux Titans, les mortels,
au secret de leur cœur, rivalisent avec l'Empyrée :
les voilà dangereux : mon Père va sévir.
— Quand j'ai quitté l'Olympe, Zeus souriait à une idée,
il assemblait les Immortels, pour leur dire sa ruse.
J'ai hâte de savoir le stratagème qu'il choisit,
pour arrêter l'essor de l'homme, devenu redoutable.
Voici le Daïmon prodigieux :
il n'a pas la sérénité du Dieu, après en avoir fait l'office ;
il a sauvé l'Olympe, des Titans,
il a sauvé la Terre, de l'Olympe ;
de lui-même, qui donc le sauvera ?
Voit-il le défaut de son œuvre ?
Sent-il la fin prochaine de son rôle sublime ?
On le croirait à sa morne posture ! (Exit)

SCÈNE II

PROMÉTHÉE (seul)

Présomptueux et enivrés, enfants hardis,
qu'un peu de science émerveille ;
aveuglés d'un rayon de justice,
ô vous que j'ai tirés de la sauvagerie,
vous que j'aurais conduits à l'immortalité,
si votre nature incomplète n'avait trahi ma volonté,
Éphémères, mes fils, que faites-vous ?
Puérils étourdis et aux Titans semblables
vous aussi rejetez la prudence !
Je vous ai mis aux mains, le sceptre de la terre,
et vous méconnaissez déjà le pouvoir olympien.
Orgueilleux et hàtifs, vous négligez les rites,
rebelles au joug sauveur de la Religion sainte :
vos bras refusent d'édifier ces temples
qui seuls vous donneront la divine faveur.
Déjà les Dieux vous semblent trop humains,
Je ne peux révéler le Dieu unique !
Il ne veut pas même être nommé ;
ce Dieu si haut, si grand, si absolu,
que Zeus lui-même l'ignorera toujours.
Comme un terrain mauvais ne produit pas
le fruit attendu d'une bonne semence,
le savoir a fait germer l'impiété, parmi les hommes.
Les Titans se fiaient en leur force physique
— et vous, Mortels, infatués d'un lambeau de mystère,
à votre tour, déments ! vous niez ce qui vous dépasse !
Cessant de craindre, vous cessez de croire ;
et cessant de pâtir, vous devenez avides.

jouisseurs et mauvais !
Les Titans s'entendaient entre eux, du moins
vous tournez sur vos frères, ces armes
que je vous ai données contre les bêtes redoutables.
Au lieu de disputer à la nature ses infinis trésors, .
paresseux et cruels, vous dérobez le labeur d'autrui ;
effroyables effets de la plus pure idée !
Mon chemin de lumière aboutit à l'horreur !
Cependant, j'accomplis la norme du Destin,
car j'ai donné, aux hommes, avec les biens terrestres
le goût de l'immortalité !
L'esprit humain, malgré ses attentats, ouvre ses ailes :
il s'éveille, ébloui de lui-même, énivré de sa liberté.
Ah ! j'ai repris mon grand office,
replacé l homme entre mes mains :
j'ai modelé son âme, comme j'avais sculpté son corps :
nul Dieu ne pensera à les détruire, désormais !
— Humanité déjà subtile et passionnée,
ô nouvelle venue dans la série de l'Etre
malgré tes crimes, j'ai eu raison de croire e1 toi !
Le Créateur m'avait choisi pour te guider !
— De la mort, à leurs yeux, j'ai voilé le mystère,
j'ai semé tout leur cœur d'aveugles espérances,
je leur ai révélé les secrets daïmoniques,
trop tôt, peut-être, en mon zèle fièvreux.
— Toi que j'ai cru sentir, toi que j'ignore,
et que je n'ose pas nommer,
ô Maître du Destin, cause première
es-tu content de Prométhée ?
et pourquoi le fais-tu douter de sa mission
quand elle est terminée ?
Que signifient ces craintes qui m'assaillent
et la sourde douleur du noir pressentiment
qui me pique le cœur !

Vas-tu me déjuger, lorsque je t'ai servi,
et renier celui qui fut ton bras ?
— Dans une solitude, j'irai,
implorant un oracle de ma mère Thémis,
car l'avenir se voile et s'enténèbre,
et ma pensée hésite, incertaine et troublée, pour la première fois!

SCÈNE III

PROMÉTHÉE, — ÉPIMÉTHÉE

ÉPIMÉTHÉE

O mon frère, le plus subtil des Daïmons,
Toi qui perces, à l'instar d'Apollon, les mystères futurs,
considère les fruits dangereux de ton œuvre !
Les Ephémères oppriment toute la création
et la terre a souffert de leur violence.
Tu leur appris l'art de tremper le fer :
ils tuent, non par besoin, par plaisir ;
leur flèche atteint au vol
les oiseaux radieux, ornement de l'espace.
Ils abusent des animaux et les font se combattre
pour la joie féroce de leurs yeux.
Ils portent des étoffes teintes et préfèrent voler
l'or précieux que l'extraire des mines :
la terre est végétante de leur iniquité !
Tu leur as découvert des secrets dangereux :
la richesse les a rendus cupides ;
tu les armes, et les voilà cruels ;
et la science, enfin, les mène à blasphémer.
Que faire, ô Prométhée ?

PROMÉTHÉE

Je vais, dans un lieu de silence, implorer l'oracle de Thémis.
Souviens-toi seulement de ne rien recevoir des Dieux !
Si Hermès, paraissant, t'offrait la foudre même,
refuse ; refuse tout des Immortels !

3

SCÈNE IV

ÉPIMÉTHÉE (seul)

Génie éblouissant, cœur sublime,
donneur de foudre, donneur de Feu,
merveilleux serviteur des Dieux,
magnanime sauveur des hommes !
quelle fatalité, plane sur tes desseins !
Toujours tu te dévoues et toujours tu te perds.
Tu ne veux que le bien, et le malheur te suit:
Ta vision, qui devance les siècles,
n'envisage que la beauté future
de tes vouloirs audacieux.
Je ne te juge pas, ébloui de ta gloire,
mais je tremble, en mon cœur,
de te voir suppléer à tous les Olympiens.
Une telle vertu engendrera la haine au cœur de Zeus.
— Tu es trop grand, et tu seras enseveli sous ton effort,
ô le plus noble des Titans !
Je ne sais pas prévoir : je ne sais qu'obéir;
docile à ta lumineuse pensée.
humble servant de son frère admirable,
Epiméthée peut s'endormir,
quand veille et pense le subtil Prométhée !

                    (Il s'étend à gauche, sur le banc de gazon et s'endort.)

SCÈNE V

EPIMÉTHÉE (endormi), — HERMÈS conduisant PANDORE très ornée

HERMÈS

Voilà le stratagème, inventé par mon Père,
pour se garer de l'homme et ruiner l'œuvre du Titan.
A l'image des Immortelles,
Héphaistos modela cette créature gracieuse ;
Eros la trouvait si belle qu'il l'eût gardée!
Tous les Dieux ont pris part à cette éclosion merveilleuse,
tous ont doté le nouvel être.
Aphrodite donna la beauté, Artémis la pudeur,
Héra les talents domestiques et Backhos la gaieté.
Athéné lui mit sa ceinture.
Ce collier d'or est un cadeau des Grâces ;
j'ai dû lui apprendre la ruse et la rendre perfide.
« Cette charmante nouveauté, » a dit Zeus,
« me soumettra les hommes bien mieux que le tonnerre. »
Puis il mit en ses mains cette urne d'or.
« Apporte à ton époux ce témoignage de la bienveillance divine
« garde-toi seulement de l'ouvrir.
« Le malheur y est enfermé et se répandrait sur la terre ! »
Hypocrite défense dont nous verrons l'effet.
Réveille-toi, Epiméthée ! (il le touche du caducée)
Vois la réalité plus belle que ton rêve !
Les Dieux pour toi ont créé et comblé de leurs dons
cette nouvelle déité !

EPIMÉTHÉE

Songe enchanteur, apparition délicieuse !
Quelle immortelle me sourit,

et me présente une urne d'or ?
Dieux puissants ! quelle est belle !
De l'Olympe, pourquoi descend-elle ?

HERMÈS

Les Dieux, Epiméthée, te donnent cette épouse,
et l'urne précieuse qu'elle porte, est sa dot.

EPIMÉTHÉE

Les Dieux, sans doute, m'ont choisi
pour l'alliance des cieux avec la terre.
Bienvenue, admirée, aimée soit l'Immortelle ;
mais je repousse l'urne,
mon frère Prométhée m'a défendu
de recevoir aucun présent céleste.

HERMÈS

Tu ne peux refuser le don de Zeus,
sans refuser aussi l'épouse.

EPIMÉTHÉE

Que contient donc cette urne ?

HERMÈS

Elle cache un secret : on ne doit pas l'ouvrir.
Fermée, elle t'assure une paix admirable ;
ouverte, elle dégagera les pires maux ;
mais il faut la laisser dans les mains de Pandore.

EPIMÉTHÉE (contemple Pandore et se met à ses genoux ; celle-ci soulève le
        couvercle de l'urne ; une fumée épaisse s'en échappe.)

O Pandore, tu mérites ton nom,
et dès qu'on te contemple, tout s'oublie !

HERMÈS

Je puis partir : le charme opère (Exit Hermès lentement.)

EPIMÉTHÉE

Quelle est cette brume qui flotte? Insensé que je suis!

Ah ! funeste beauté, n'as-tu pas entendu l'avis d'Hermès ?

Ce sont les maux, qui s'échappent de l'urne !

Referme-là, de grâce !

Tu souris, tu te plais à m'effrayer ;

Puis-je moi-même y toucher ?

Je n'ose, hélas, déjà coupable, je crains d'augmenter ma faute ! . . .

Prométhée, frère que j'ai trahi,

parais, ordonne, répare ma folie !

SCÈNE VI

EPIMÉTHÉE, — PANDORE, — LE CHOEUR DES MORTELS
(en désordre).

LE CHOEUR

(STROPHE I.)

Nous avions oublié la peur ;
voici qu'elle renait ; elle angoisse nos cœurs,
Quel miasme d'effroi a parcouru les airs ?
Quelle fumée s'exhale de cette urne
que tient une déesse ?
Les vents nous ont porté cet arôme funeste,
et laissant nos travaux, oubliant tout,
nous sommes accourus. — Epiméthée, réponds !

EPIMÉTHÉE

Hélas ! Hélas ! enfants de la Terre féconde,
qui porte tous les fruits,
qui sans cesse varie et toujours se ressemble,
voyez l'être nouveau envoyé par les Dieux.

LE CHOEUR

(ANTISTROPHE I.)

L'admiration de mes yeux s'allume en mon âme !
Oh ! qu'elle est belle aux regards, cette immortelle,
sous ses vêtements somptueux.
Certes, un nouveau sentiment règne dans l'Empyrée ;
Zeus a changé d'humeur, il oublie sa rancune
et fait sa paix avec l'humanité.

EPIMÉTHÉE

Que n'a-t-il envoyé les Gorgones et les pires fléaux,
tous les monstres d'enfer, plutôt que cet être brillant
qui vous paraît une immortelle.
Ah ! je vois maintenant, je vois trop tard !

LE CHOEUR

(STROPHE II.)

Que crains-tu d'un être si faible et si charmant ?
Sa vue nous remplit d'allégresse !
Zeus a voulu montrer son affection pour les Mortels !
Mais dis-nous, au lieu de te lamenter
pourquoi cette déesse est ici, sur la Terre,
et ce que signifie la fumée qui s'échappe,
incessamment, de l'urne d'or confiée à ses mains ?

EPIMÉTHÉE

Les Dieux me l'ont envoyée pour épouse,
avertissant que si elle ouvrait l'urne
tous les maux envahiraient la Terre !

LE CHOEUR

(ANTISTROPHE II.)

Si tu dis vrai, il est trop tard : car la fumée
a cessé de monter dans l'air calme.
Obtiens de la Déesse qu'elle nous dise son nom,
son père, son aventure et comment elle vint parmi nous.
Tu pleures ? Prométhée, notre sauveur nous répondrait.
Dis-nous où est ton frère,
et nous irons l'interroger, car il sait tout !

EPIMÉTHÉE

Le voici : il accourt. — Puisse-t-il réparer ma faute !

LE CHŒUR

Oui, notre Maitre, celui qui nous donna le Feu,
nous le voyons ; il se hâte et sa course nous émeut :
serions-nous en danger ?

EPIMÉTHÉE

Seul, il peut vous sauver !

SCÈNE VII

**EPIMÉTHÉE, — PANDORE, — LE CHŒUR DES MORTELS,
PROMÉTHÉE**

PROMÉTHÉE (Il s'élance, saisit l'urne, la regarde, la referme.)

Il ne reste que l'espérance !
Tous les maux que j'avais conjurés
foisonneront sur cette terre (Il tient l'urne.)
·Epiméthée, ta désobéissance a perdu les Mortels !
O déplorable imprévoyant !

EPIMÉTHÉE

Je déteste ma faute : je voudrais l'expier !
Je refusai d'abord l'urne fatale,
c'est elle, qui l'ouvrit, curieuse,
malgré la défense d'Hermès.

PROMÉTHÉE

Va enfouir au cœur de la terre, ce don funeste,
et roule sur la place, un énorme rocher.
Que nul jamais, creusant, ne trouve l'urne !

ÉPIMÉTHÉE

D'un cœur repentant, mon frère, j'obéis. (Exit.)

SCÈNE VIII

PROMÉTHÉE, — PANDORE, — LE CHŒUR DES MORTELS

PROMÉTHÉE

C'est donc toi, le vivant stratagème qu'ont machiné les Dieux !
Toi, qu'on envoie, en place du tonnerre,
toi, qui dois abolir la justice, abrutir l'homme,
et vaincre, en un moment, tout le génie de Prométhée !
Certes, je t'étudie et j'avoue que jamais
le Mal ne revêtit forme plus attrayante ;
oui, tu es le chef-d'œuvre des malices divines...
Comment Épiméthée eût-il vu,
sous ce visage rose et ces chairs rayonnantes,
la monstruosité que tu enfermes ?
Quels yeux reconnaîtraient, en toi,
une œuvre de mort et de haine ?
Oui, tu devais tromper quiconque t'approchait.
Prométhée seul te pressent, te pénètre,
radieux instrument des plus basses vengeances !

LE CHŒUR

La colère de Prométhée nous étonne :
devons-nous douter de lui, qui nous sauva ?
Comment ne pas voir qu'il jalouse l'acte divin de Zeus,
et qu'il voudrait chasser cette Déesse, de la Terre ?

PROMÉTHÉE (regardant toujours Pandore.)

Je n'aurais pas fait mieux !
Héphaistos du reste a copié mon œuvre.
Il a fait prédominer la courbe ;

Aphrodite a donné le charme au mouvement
et ce sourire vient des Grâces.
Tu as reçu les dons de tous les Dieux, tu t'appelles Pandore ;
afin que tu gardes ton nom,
je t'ornerai d'un mérite nouveau.

LE CHOEUR

Pandore ! quel doux nom !
Je tremble que Prométhée ne soit méchant, injuste.
Eh ! le souffririons-nous ?

PROMÉTHÉE

Tu es belle et tu sais mentir, mais tu es sotte !
Tes beaux yeux comme des pierreries
reflètent la lumière et non pas la pensée.
On t'a fait un beau corps ; mais quelle âme, pleine de niaiserie ?
Je ne puis te détruire, ni t'éviter.
Déjà les Mortels séduits ne m'obéiraient plus,
si je voulais les détourner de toi. . .

LE CHOEUR

Ah ! combien de joie, j'éprouve à contempler Pandore !
Elle me semble être, ici-bas, le bien suprême !
N'écoutons pas davantage Prométhée ;
Il a donné le Feu, Zeus a donné Pandore !

PROMÉTHÉE

Si j'envisage combien Pandore ressemble à l'homme
et la fascination qu'elle exerce sur lui,
je ne puis voir, en elle, la seule ruse de Zeus.
Le Destin plane ici : je sens sa volonté.
Mon œuvre restait donc incomplète ?
Pandore serait-elle, l'être de transition
de la nature à l'homme, son écho, son double, son reflexe,

LE CHOEUR

Ah ! mes yeux s'éblouissent et mon cœur se passionne
Pandore nous semble l'être tant désiré
qui apparaissait dans nos songes !

PROMÉTHÉE

J'oublie Zeus et sa haine ;
Pandore m'apparaît l'envoyée du Destin ;
elle achève l'humaine harmonie.
Oh ! comment conquérir cet être de vertige
et la rendre attentive et docile à mes ordres ?
Comment frapper cette beauté stupide ?
 par quel éclat ? ou la séduire, mais par quel artifice ?
Il faut que je lui fasse un don qui l'étonne et la soumette !

- LE CHOEUR

Ah ! si Zeus nous donnait, à tous, une Pandore,
nous lui élèverions des temples !

PROMÉTHÉE

Toi que j'ai deviné, toi que je cherche sans pouvoir te connaître,
que j'appellerais Dieu, si Zeus n'était pas Dieu,
ô toi qui aujourd'hui encor si obscurément te manifestes,
ô Maître du Destin, Créateur des Mondes et des Hommes,
de Prométhée et de Pandore, inspire-moi !
Comment ce nouvel être servira-t-il tes desseins ineffables ?
Je le sens, cette nouvelle créature est ici par ton ordre,
et Zeus, en l'envoyant, t'a obéi.
Elle est ton instrument, et la forme nouvelle de ton vouloir.
Seul, hélas, en face de l'énigme,
je n'ose plus maudire et je ne comprends pas encor.
La raison, des paroles n'agiraient pas
sur cet être accompli seulement de matière.

Son sourire hébété ne décèle aucun sentiment,
les Dieux l'ont faite aussi stupide que charmante.
A quel être vivant, confier ma pensée ?
Entre le Dieu qui ruse et l'homme qui désire,
entre ces deux passions, que faire, ô, Prométhée ?

LE CHŒUR

Prométhée lui-même subit le charme
et Pandore sourit comme un ciel de printemps !

PROMÉTHÉE

Une lueur d'intelligence vient de luire en ses yeux
Son sein oppressé s'agite : on dirait qu'elle pense
et va se révéler !
Oh ! soyons attentifs. Elle tressaille ;
l'espoir me caresse le cœur
comme au moment où ma mère Thémis m'inspire !

LE CHŒUR

Je suis anxieux de connaître la pensée du Daïmon ;
son sentiment, à juger par son visage
maintenant se rapproche du nôtre.

PROMÉTHÉE (incantant)

Symbole du bonheur, synthèse de nature,
élément accompli, ô rayonnante créature.
ô mouvement joyeux, mirage glorieux,
prestige tout-puissant, ô Pandore, ô Déesse,
obéis à l'incantation du Titan !
La voilà, devant toi, cette race souffrante
qui vagissait sous des maux écrasants,
abandonnée des Dieux qui la voulaient détruire ;
malgré mon zèle, elle attend encor son salut !
Elle t'ignore, en ton essence, cette race éphémère ;

elle te voit briller et te salue de son désir.

O Matière splendide, si je te donne une âme,

voudras-tu sauver les humains ?

Ils sont féroces : tu les rendrais sensibles ;

ils sont matériels : tu les ferais rêveurs :

ils sont errants : et ils s'arrêteraient autour de toi ;

ils ont le cœur stérile : tu les féconderais de ton sourire.

O Pandore, ta puissante faiblesse

réduirait leur brutale nature.

Si tu comprends ta voie, l'humanité te proclamera reine ;

viens régner, viens aimer, viens consoler, viens resplendir,

ô subtile Matière, finis là barbarie

et purifie l'instinct : et que nul homme désormais

ne déteste et ne tue son semblable !

Succède dans leur cœur aux passions sauvages !

Tu souris ? Comprends-tu la gloire où je t'appelle,

reine des songes et reine des chimères,

truchement du mystère, dont je prévois

l'effet prodigieux au faible esprit de l'homme !

Par toi, devenu doux et sédentaire,

par toi, il fonde le foyer !

Le plus auguste des secrets je vais le révéler :

la race humaine au lieu de naître

dans l'harmonie des forces naturelles,

sera perpétuée, par la vertu de ton corps précieux !

Pandore, interroge tes flancs, un mystère s'y élabore ;

Pandore, écoute dans ta pâmoison, ces jeunes cris ;

Pandore, regarde l'être jailli de toi ;

et maintenant tu t'appelles la Mère :

je te salue, sublime Majesté !

Penche-toi sur ce berceau d'osier, vois ces langes,

Être sacré, Être divin, source de l'homme !

Viens régner, viens aimer, viens consoler, viens enfanter

Toi qui seras le foyer, la famille,

toi qui seras la douce vierge, et puis, la mère auguste,
toi qui incarneras le dévouement et la bonté,
toi qui engendreras les peuples et les villes,
ô toi qu'attendaient les Mortels, nouvelle Héra,
viens créer l'homme, une seconde fois;
selon la douceur et la joie infinies !
Et vous, Mortels, tressaillez d'allégresse,
exultez en d'inouïs transports !
Eros vous a bénis et vos songes se réalisent !
Voici la vierge, voici l'épouse, voici la mère,
voici le vrai salut : l'avenir est promis.
De ce jour, l'humanité conquiert sa destinée.
Mortels, haussez vos cœurs !
Je voulais vous arracher à la souffrance,
mais elle est le moyen de l'immortalité !
Le Destin me dédit et l'impose à nouveau ;
mais voilée, mais charmante !
Recevez donc la douleur attrayante,
Mortels ! voici la Femme !

LE CHŒUR

Prométhée nous donne Pandore !
Oui, nous obéirons à l'adorable créature,
et nous serons très doux ; nous plierons notre rude nature !
Viens fonder le foyer, la famille !
Nous ne comprenons pas encor,
le grand secret de tes flancs précieux.
Si tu es la douleur, oh ! la douleur est belle !
Succède dans nos cœurs aux passions sauvages, Femme !
O Femme, viens régner, viens aimer, viens consoler, viens resplendir !

PROMÉTHÉE

Et maintenant, Pandore, si mon verbe t'a prise et possédée,
approche : voici la flamme défendue, voici le Feu céleste !

Si d'un cœur hardi, tu y touches,
tu deviens consciente, tu connais le bien et le mal,
tu seras semblable aux Déesses.
Veux-tu comprendre? veux-tu savoir?
Veux-tu souffrir? Veux-tu aimer? veux-tu vivre?

PANDORE (avec une grande énergie)

Je veux!

PROMÉTHÉE

Par la vertu du Feu que j'ai ravi au Ciel.
Pandore, reçois l'intelligence
et connais le bien et le mal!

(Prométhée a pris le feu sur l'autel, l'a tenu en ses mains et le jette sur Pandore
où il reste comme une auréole jusqu'à sa sortie)

PANDORE (subitement vive et intelligente)

Qui suis-je? . . . En quel lieu? . . .
Quel est celui qui parle? quels sont ceux qui regardent?
Je sors de la ténèbre, . . . mon âme jaillit à la lumière,
Tu m'appelles Pandore? et c'est ici la terre?
Moi. . . . je viens de l'Olympe. . .
Aide-moi. . . aide moi à comprendre!
Je revois l'auguste assemblée
les Dieux riaient, quand je parus ;
chacun me caressait sans tendresse.
Ils m'ont parée et puis l'un d'eux m'entraîna,
me parlant de mensonge, de perfidie.. . . . . .
Toi qui commandes,
toi qui n'as pas ri à ma vue,
toi qui me parles avec autorité et cependant avec douceur,
réponds. . . qui suis-je? . . . de quel sang, suis-je née?

PROMÉTHÉE

Tu es fille des Dieux qui rirent, en te voyant.

PANDORE

Pourquoi n'ont-ils pas gardé leur enfant?

PROMÉTHÉE

Ils t'ont sacrifiée au besoin despotique.
Ceux-là, les Ephémères, que j'ai civilisés,
déjà semblaient redoutables aux Dieux.
On t'envoie pour nuire à la terre
mais tu déjoueras les desseins de ces parents dénaturés,
tu aimeras les hommes!

PANDORE

Je regrette les Dieux!

LE CHŒUR

Oh! triste parole pour nous!
Oh! pourquoi l'avoir entendue!

PROMÉTHÉE

Voici donc ma vengeance, ô Zeus!

PANDORE

Ne puis-je remonter vers eux?

PROMÉTHÉE

Tu peux les attirer vers toi.

PANDORE

Comment? Comment? Comment?

PROMÉTHÉE

Vers l'Olympe, oriente ton cœur;
darde le rayon séducteur de tes yeux,

4

et que l'arc de tes lèvres lance tous ses sourires !
Ouvre tes bras, ouvre tes flancs,
les Dieux y tomberont sous la flèche de ton désir,
comme un oiseau blessé !
— Olympiens, vous vouliez abolir mon œuvre,
mais je retourne l'arme contre vous !
De Pandore naîtra une race hardie :
ses filles vous plairont, Immortels !
vous viendrez dans leur lit.
Ainsi les Dieux se mêleront aux hommes,
car le Destin le veut !

LE CHŒUR

Comment, toi si subtil, profères-tu cette sentence ?
Les Dieux mêler leur sang au sang des Ephémères !

PROMÉTHÉE

L'avenir prouvera mon oracle : ne le discutez pas ;
c'est le dernier que je prononce, parmi vous.

LE CHŒUR

Ah ! Prométhée, nous voilà pleins d'effroi :
Tu es notre Dieu, notre ami, notre Père ;
Pourrais-tu abandonner tes fils, les pauvres Éphémères ?

PROMÉTHÉE

Je me sens arrêté dans ma tâche ;
je suis cette flèche perdue qui atteint le but et s'y brise ;
je suis le char qui arrive et s'émiette inutile;
je suis la nef brisée sur les rochers du port.
Ah ! j'ai bien fait de me hâter !
Mais toi, Dieu jaloux, Dieu stérile,
qui n'a pas su vouloir le bien
et qui laisses un Daïmon te supplanter

dans la tâche sublime ;
toi qui m'écoutes et m'épies du haut de ton Olympe,
tu descendras dans le lit des Mortelles !
Les filles de Pandore te donneront des fils,
ô Maître des Heureux !
Et parmi tes amours une surtout,
indiscrète, fatale, te précipitera du trône
où tu te crois si fermement assis ! —
(Tonnerre) Ce bruit annonce l'injustice.
(Au Chœur) Mortels que j'ai aimés, gardez mon souvenir !
Prométhée a fait son office :
Les Dieux m'ont envoyé et les Dieux me rappellent !

LE CHOEUR

Dieu Prométhée, reste au milieu de tes fidèles !
Prométhée, notre Père, ne quitte pas tes fils !

SCÈNE IX

PROMÉTHÉE, — ÉPIMÉTHÉE, — PANDORE, — LE CHOEUR
DES MORTELS

ÉPIMÉTHÉE

Frère, j'ai obéi. L'urne fatale est enterrée et défie la recherche.
La mémoire de mon involontaire trahison
est-elle aussi cachée dans le fond de ton cœur ?

PROMÉTHÉE

Oui, tu es pardonné : j'ai réparé ta faute.
Sois l'époux de Pandore et sois en paix.
— Mes frères, les Titans, n'ont pu escalader l'Olympe ;
ce sont les Dieux qui descendront sur terre,
non plus en combattants armés et fiers,
mais déguisés, honteux et passionnels.
Ils ne sont pas venus apporter la lumière,
ils viendront pour déchoir, ils viendront pour tomber !

LE CHOEUR

N'injurie pas les Dieux, ne les menace pas !
C'est nous qu'ils frapperaient, en sévissant sur toi !

PROMÉTHÉE

Obéissez une dernière fois : laissez-moi seul,
face à face avec l'Ananké.

LE CHOEUR (mouvement de sortie)

Hélas, que pouvons-nous pour lui ?

rien, sinon obéir ; mais notre âme désespérée
espère encor dans son amour pour l'homme !

PROMÉTHÉE

Suis les mortels, mon frère, je l'ordonne !

ÉPIMÉTHÉE

Hélas ! faible comme eux, je ne puis qu'obéir !

PROMÉTHÉE

Adieu !

LE CHOEUR (s'en allant)

Hélas ! hélas ! si belle soit Pandore,
nul ne remplacera Prométhée !

(Le chœur lève les bras un moment, puis sort avec une lenteur funèbre.)

Implorons les Dieux pour lui, pour nous !

SCÈNE X

PROMÉTHÉE, — PANDORE (qui revient)

PROMÉTHÉE

J'ai sauvé les Dieux et les hommes !
Qui me perdra ? qui donc craindre ?
quand l'univers entier me doit son équilibre,
quand j'ai tout éclairé et tout aidé, mortels et immortels !

PANDORE

Prométhée, toi si grand tout à l'heure,
te voilà malheureux !
Pandore voudrait te consoler,
son cœur est tout rempli de ta détresse.
Toi qui sais tout, que peut-on faire avec des larmes,
pour le salut d'autrui ?

PROMÉTHÉE

La Pitié s'éveille en ton cœur,
tu souffres de mes maux,
tu compatis à mon angoisse,
Fille des Dieux, tu deviens donc fille de Prométhée !

PANDORE

Fille de Prométhée, tu as bien dit,
car je renie les Dieux, je les déteste :
ils m'ont donné la vie et tu m'as donné l'âme ;
tu es mon maître : tu es mon Zeus !

PROMÉTHÉE

Ah ! je n'espérais pas la joie que tu me donnes !
Ton cœur sera le refuge certain de mes pauvres Mortels :
ô noble inconsciente,
tu vas continuer mon œuvre, par la pitié !

PANDORE

Je voudrais te sauver, je voudrais. . . .

PROMÉTHÉE

Tu ne peux pas, ô Femme, consoler Prométhée !
Les douleurs de l'Esprit n'ont point de baume ;
seul les apaise Celui qui nous créa.
Mais tu consoleras mes fils,
ces hommes qui désormais n'auront plus d'autre guide
que le doux éclair de tes yeux.
O vierge, sois charmante ; épouse, sois sincère !
ô Mère, sois auguste !
Par toi, cessera l'antique haine
des Mortels et des Immortels !
Cœur précieux qui aimes à souffrir
le Daïmon dont tu couronnes l'œuvre,
t'adopte et te bénit, comme sa Fille ! (Tonnerre.)

PANDORE

Hélas ! Hélas ! (exit.)

SCÈNE XI

PROMÉTHÉE, — LE POUVOIR, — LA FORCE, — HÉPHAISTOS
(Paraissant ensemble dans le fond.)

Le POUVOIR en robe rouge s'appuie à un long sceptre de fer et sa parèdre
  LA FORCE, en robe noire, porte un fouet à très long manche et à lanières
  multiples terminées par des crocs d'acier. HÉPHAISTOS a le bonnet ovale, la
  tunique courte découvrant l'épaule droite, il est chargé d'anneaux et de
  chaînes ; à sa ceinture pend son lourd marteau et un sac de clous.

PROMÉTHÉE (qui ne les voit pas encor, est à genoux.)

O Toi que j'ai cherché, en toute chose,

toi que j'ignorerai toujours,

toi qui n'as pas de nom, ô Maître du Destin, cause première,

ô Dieu unique, ô Lumière incréée,

Absolu ! Absolu ! ma détresse t'implore !

O Toi qui as tout créé, et Zeus et Prométhée,

je l'éprouve au désordre de ma pensée ;

tu ne me soutiens plus, — et je tombe !

Tu te tais : je m'effare,

instrument rejeté de ton divin vouloir,

héraut répudié de tes desseins sublimes :

et je suis seul, hélas ! sous la haine de Zeus !

Mon génie impuissant s'arrête, — je suis maudit !

                    (Tonnerre, il se relève et aperçoit le Pouvoir et la Force.)

Oui, en effet, ce n'est pas une vaine menace,

la rauque voix du Tonnerre ne mentait pas :

Zeus envoie ses ministres de haine

le Pouvoir et la Force ;

Héphaistos vient aussi, portant des anneaux et des chaînes.

— Je suis un Immortel, je suis un Dieu !

Serai-je abîmé dans l'Hadès, au fond du Tartare insondable,

dans le gouffre des ombres précipité vivant ?

Où donc est une geôle digne de Prométhée?
un gibet à la hauteur de ce coupable étrange,
dont les bienfaits emplissent l'univers créé?

(Le Pouvoir étend son sceptre de fer et la Force son long fouet à lanières.)

Vents à l'aile rapide, sources des fleuves,
et toi innombrable sourire de la vague marine,
mère de tous les êtres, ô Terre,
et toi aussi, Soleil, œil immense du monde,
soyez témoins de ma détresse !
O ma Mère, auguste Mère, et toi, Aither,
lumière infinie où se meuvent les mondes,
voyez ces bourreaux, voyez ces chaînes,
et Toi, Dieu sans nom qui commandes au Destin,
viens assister celui qui va SOUFFRIR POUR LA JUSTICE !

(Le Pouvoir et la Force se sont rapprochés, répétant leur geste impérieux.)

LA PROMÉTHÉIDE

PROMÉTHÉE ENCHAINÉ

Traduit d'*ESCHYLE*

La scène est à l'O. du Parapomisus, 51 degrés de long. Or. — ou au S.
du Mazendéran, dans l'Elbourz, versant nord du mont.

*En cette version sont supprimés : les vers 64 et 65, parce que le théâtre moderne
ne comporte pas la vraisemblance d'*

un coin d'acier traversant la poitrine du Titan, de part en part.

et les vers 489 à 501 traitant de l'aruspicine.

*Enfin, de 703 à 726, la description géographique des courses futures d'IO et 786
et suivants, énumération des courses passées de la fille d'INAKHOS ont été réduits,
selon l'exigeance dramatique. Le goût du public athénien pour cette géographie pit-
toresque ne se retrouverait pas dans une salle de lettrés actuels.*

PROMÉTHÉE ENCHAINÉ

---------- ✳ ----------

A peu près au milieu de la scène, un peu à gauche, un roc praticable qui sera le
gibet du Titan.

A l'ouverture du rideau, PROMÉTHÉE, les bras croisés, morne et résolu, paraît
entre le POUVOIR, en robe rouge, appuyée à un long sceptre de fer et la
FORCE, en robe noire, portant un fouet à très long manche, à lanières mul-
tipliées et terminées par des crocs d'acier ; (comme à la dernière scène du
porteur de Feu) — HÉPHAISTOS vient ensuite, sans hâte, comme malgré
lui ; il a le bonnet ovale, sa courte tunique laisse à découvert l'épaule et le
bras droit ; il est chargé d'anneaux, de chaines ; à sa ceinture pend son
lourd marteau et un sac de clous.

SCÈNE I

PROMÉTHÉE, — LA FORCE (muette), — LE POUVOIR, — HÉPHAISTOS

.LE POUVOIR

Voilà le désert de Scythie, l'inaccessible solitude.
Ici finit le monde ! Nous sommes arrivés.
Héphaistos à l'ouvrage ! Exécute l'ordre Olympien !
A ce roc qui pend sur l'abime, enchaîne ce maudit.
Rive sur lui d'indestructibles fers.
— Ton insigne apanage, le Feu, le Feu splendide,
il le vola pour en doter les hommes.
Ce sacrilège crie vengeance !

Le supplice lui apprendra que Zeus est tout-puissant,
et qu'il ne permet pas de préférer,
même le bien des créatures, à sa divine volonté.

HÉPHAISTOS

Pouvoir et toi, Force, vous voilà quittes ;
et mon rôle commence dans l'horrible mission.
Aurai-je ce courage ? un frère, un Dieu,
le clouer à ce roc battu par la tempête.
Il faut pourtant que ma pitié se taise.
Désobéir à Zeus : cela effraye, même en pensée !
O fils subtil de la sage Thémis,
je vais donc t'attacher, malgré moi, à cet affreux gibet ;
et ton oreille, alors, n'entendra plus de voix,
et tes yeux oublieront le visage de l'homme,
et sous l'ardent soleil tout ton corps pèlera !
Tes vœux appelleront la nuit et son manteau d'étoiles
mais la gelée nocturne te fera désirer le retour du soleil.
Pas un répit, dans ton incessante torture,
et ton libérateur, ô martyr, n'est pas né !
Voilà les fruits de ton amour pour les mortels.
Dieu Prométhée, qui dédaignas la colère des Dieux,
et au mépris du Droit, comblas la terre de dons célestes !
Etrange criminel, tu vivras ton supplice
sur cette horrible cime, solitaire, immobile,
l'œil sans sommeil, les membres sans repos.
Ta plainte vibrera dans l'air, croissante et inutile.
Le cœur de Zeus ignore la Pitié,
et les pouvoirs récents sont toujours implacables.

LE POUVOIR

Tu hésites ? tu t'apito s ? sottise !
Tu l'aimes donc ce Dieu, haï de tous les Dieux,
qui livra aux mortels, ton propre bien, le Feu ?

HÉPHAISTOS

La parenté nous lie et d'amitié s'augmente !

LE POUVOIR

N'importe ! désobéir à l'ordre de ton Père ?
Est-ce possible ? l'oserais-tu ?

HÉPHAISTOS

Tu es impitoyable, sans entrailles.....

LE POUVOIR

M'émouvoir ? A quoi bon ? Crois-tu que ta plainte le sauve ?

HÉPHAISTOS

Sois maudite, oh ! maudite, industrie de mes mains !

LE POUVOIR

Pourquoi ? ton art, en vérité, a-t-il causé ses maux ?

HÉPHAISTOS

Oh ! cette tàche exécrable, pourquoi m'est-elle échue ?

LE POUVOIR

La Puissance des Dieux n'implique pas l'indépendance :
Zeus seul est libre.

HÉPHAISTOS

Certes, je l'éprouve, à cette heure.

LE POUVOIR

Eh bien ! à l'ouvrage ; enchaîne le coupable,
n'hésite plus ; Zeus le saurait !

HÉPHAISTOS

Voici prêts, les anneaux des bras.

LE POUVOIR

A l'ouvrage ! à grands coups de marteau
enserre-lui les mains et les incruste au roc.

HÉPHAISTOS

En un instant, c'est fait. Je frappe, certes !

LE POUVOIR

Frappe plus fort, frappe encore !
Il est habile au point d'échapper à l'inextricable.

HÉPHAISTOS

Ce bras-ci, je défie qu'on le dégage !

LE POUVOIR

Fixe l'autre avec la même force ;
qu'il sente, malgré sa subtilité, que Zeus l'écrase.

HÉPHAISTOS

Nul ne blâmera mon marteau, si ce n'est le patient.
Oh ! oh ! Prométhée, comme tu dois souffrir !

LE POUVOIR

Tu hésites encor : tu larmoies sur l'ennemi de Zeus !
Prends garde de pleurer bientôt, sur toi-même !

HÉPHAISTOS

Tes yeux ne se détournent pas de cette atrocité ?

LE POUVOIR

Je ne vois qu'un coupable puni.
Autour des reins, ces chaines!

HÉPHAISTOS

Ce qu'il faut, je le sais ; ne me harcèle pas.

LE POUVOIR

Je veux te harceler et te crier mes ordres :
Ici, en bas, les cuisses, enserre-les dans les anneaux.

HÉPHAISTOS

Allons! c'est fait et vite !

LE POUVOIR

Maintenant, entrave-lui les pieds, avec vigueur :
tu travailles pour un maître sévère.

HÉPHAISTOS

Ta parole est féroce autant que ton visage !

LE POUVOIR

Si tu es né sensible, je suis né implacable.
Me reproches-tu d'être moi?

HÉPHAISTOS

Le voilà enchaîné par tous ses membres : partons !

(Héphaistos ramasse ses outils et sort vivement.)

LE POUVOIR

Blasphème, maintenant, sur ton rocher ;
dérobe encor les prérogatives célestes,

5

pour les donner aux hommes !
Ces éphémères, que peuvent-ils pour te sauver ?
Les Dieux t'ont mal nommé le prévoyant, l'habile !
Il te faudrait un Prométhée, pour conjurer le sort.

(Exeunt LE POUVOIR et LA FORCE.)

SCÈNE II

PROMÉTHÉE (seul)

Aither divin, vents à l'aile rapide, sources des fleuves,
et toi, innombrable sourire de la vague marine,
mère de tous les êtres, ô Terre, je vous implore !
et toi aussi, Soleil, œil immense du Monde,
voyez un Dieu torturé par les Dieux,
voyez l'horreur de mon supplice,
et contemplez une douleur qui gémira pendant dix siècles !
Le nouveau Maître des Heureux
imagina pour moi, ces tourments d'infamie !
Hélas! hélas ! dans l'avenir le plus lointain,
je subirai la même angoisse.
Quelle tardive aurore éclairera ma délivrance ?
Que dis-je? mon esprit lucide perce les voiles du futur,
je prévois ; oui, j'envisage l'immensité de ma détresse.
Je tends tout mon effort à subir mon destin.
A l'Ananké, Mortel ou Dieu, nul ne résiste.
Silence! Parole ! je ne puis me résoudre.
Dois-je me taire ? vais-je crier ?
J'ai révélé aux Éphémères les ecrets de la force,
et me voilà vaincu et enchaîné.
Je dérobai le Feu à sa source première ;
ce fut un grand maître pour l'homme :
tous les arts sont les fils du feu.
Voilà le forfait que j'expie dans ces chaines
et battu par les vents. Ah ! ah ! Hélas !

(Un parfum monte dans l'air qu'agite un vol.)

Quel est ce bruit ?
Quel parfum indéfinissable monte vers moi ?

Est-ce un Dieu qui approche, un homme ou un Daïmon ?
Qui donc, venu à cette extrémité du monde,
gravit cette montagne pour contempler ma honte ?
Que me veut-on ?
Contemplez donc un Dieu martyr, un Dieu dans les fers ;
regardez la victime de Zeus, le vivant opprobre de l'Olympe :
il expie à vos yeux son amour pour les hommes !
Hélas ! hélas ! quel est ce bruit d'oiseaux ?
Sous de légers battements d'aile, je sens l'air vibrer, près de moi,
Ah ! toute approche m'épouvante !

SCÈNE III

PROMÉTHÉE, — LE CHŒUR DES OCÉANIDES (devraient arriver sur un char ailé.)

CHŒUR

(STROPHE I)

Ne crains rien : c'est une amie, cette troupe aérienne
venue vers ton rocher, à tire d'aile,
malgré les répugnances d'Océan, notre père ;
d'un souffle vigoureux, les vents nous ont portées.
Le frappement du fer retentissait jusqu'au fond de nos grottes.
Alors oubliant timidité, pudeur,
nous nous sommes élancées, pieds nus, sur ce char ailé.

PROMÉTHÉE

Hélas ! hélas ! enfants de la féconde Téthys et du vénérable Océan
qui roule incessamment ses flots autour du monde,
voyez mes fers, contemplez le patient qui se tord,
seule chose vivante sur la montagne déserte et sinistre.

CHŒUR

(ANTISTROPHE I)

L'horreur monte, à mes yeux, en nuages de larmes.
Oh ! voir ainsi ton corps incrusté au rocher,
se crisper sous ces chaînes !
Certes, une nouvelle main gouverne l'Empyrée ;
au gré de son humeur, Zeus insulte aux traditions,
il abolit les antiques grandeurs.

PROMÉTHÉE

S'il m'eût abimé dans l'Hadès, au fond du Tartare insondable,
dans le gouffre des ombres,
s'il m'eût précipité aussitôt qu'enchaîné,
nul immortel n'aurait repu ses yeux, de ma misère !
Mais sur ce faîte où les vents me secouent
je suis livré en spectacle à la haine et à son rire !

CHOEUR

(STROPHE II)

Qui donc, parmi les Dieux, serait assez féroce pour railler ta douleur ?
A tes maux, ils compatissent tous.
Zeus, seul, inflexible et cruel, poursuit sur toi la race Titanide ;
il poussera sa rage jusqu'au bout,
à moins qu'un Dieu hardi ne renverse son trône, déjà bien affermi.

PROMÉTHÉE

Malgré mon avilissement, malgré ces entraves d'airain,
le Maître des Heureux aura besoin de moi.
Je puis seul déjouer le complot
qui doit lui arracher le sceptre et le pouvoir.
Il voudra me fléchir ;
aux objurgations, aux promesses, aux menaces,
j'opposerai l'implacable silence.
Ce secret paiera ma délivrance !
Zeus ne le connaitra qu'au jour des réparations que je veux.

CHOEUR

(ANTISTROPHE II)

Ton audace m'effraie et je tremble en moi-même
ô cœur sublime que l'affre du supplice ne dompte pas !
qu'adviendra-t-il de toi, intraitable dans la détresse
comme le dur fils de-Kronos est absolu dans la puissance ?

PROMÉTHÉE

Je le sais implacable, et qu'il confond sa volonté et la justice!
N'importe, on le verra calmé et assoupli par les revers :
le jour où tremblera son trône, oubliant sa longue fureur,
il viendra traiter avec le Titan, aussi empressé que moi-même.

CHOEUR

Dis-nous ta lugubre histoire,
sur quelle accusation, Zeus t'a damné à ce supplice ?
cède à notre désir, s'il n'offense pas ta douleur !

PROMÉTHÉE

Evoquer le passé m'épouvante :
mais souffrirai-je moins, si je me tais ?
Egale alternative d'angoisses !
A leur première altercation, les Daïmons se divisèrent.
Les uns voulaient la chute de Kronos, l'entrônement de Zeus ;
les autres repoussaient cette suprématie ;
je donnai le meilleur avis.
Les Titans, fils du Ciel et de la Terre, dédaignèrent l'habileté,
ce que leur brutale nature appelait les pauvres moyens.
Ils croyaient l'emporter par la force et l'attaque directe.
En vain, je les avertis, selon l'oracle de ma mère Thémis,
et de Gaïa, la Terre Polyonyme :
elles m'avaient prédit cent fois,
que la violence et l'offensive échoueraient;
et qu'il fallait attendre et qu'il fallait ruser.
Inécouté par les Titans, je suivis mon propre conseil :
avec ma mère, je m'alliai à Zeus ; certes, il le désirait.
Lui m'écouta : et à cette heure les noirs abîmes du Tartare
gardent le vieux Kronos et les Titans vaincus.
Voilà ce qu'il me doit, le despote Olympien !

Vous voyez de vos yeux, la récompense.
Le diadème porte en lui un principe d'aveuglement ;
toujours un roi méconnaîtra ses vrais amis.
Mais vous voulez surtout connaître mon forfait ;
je vais vous l'avouer.
A peine assis au trône de son père,
Zeus répartit aux Daïmons les diverses prérogatives ;
il organisa son empire.
Quant à la déplorable humanité, en sa sollicitude,
il pensait la détruire et puis la créer à nouveau.
Je m'élançai alors, j'osai, je sauvai les humains,
j'arrêtai le tonnerre qui les eût abîmés dans l'Hadès !
Voilà le crime que j'expie par ces tortures,
atroces à subir, atroces même à voir !
J'ai eu pitié des hommes et nul n'a eu pitié de moi !
Mais ce roc où je désespère
se dresse contre Zeus et l'accuse d'iniquité !

CHŒUR

Le cœur insensible à tes maux serait de granit ou d'airain ;
moi, je me sens saigner de compassion.

PROMÉTHÉE

Ah ! si j'ai des amis, qu'ils me plaignent !

LE CORYPHÉE

Révèle-nous tous les bienfaits que te doivent les hommes !

PROMÉTHÉE

De la mort, à leurs yeux, j'ai voilé le mystère.

LE CORYPHÉE

Tu les guéris de ce vertige ? Comment ?

PROMÉTHÉE

J'ai semé tout leur cœur, d'aveugles espérances.

LE CORYPHÉE

En leur donnant l'espoir, tu as beaucoup donné.

PROMÉTHÉE

Je leur donnai aussi le Feu, cette merveille.

LE CORYPHÉE

Les Éphémères maintenant possèdent la flamme sainte

PROMÉTHÉE

Et le Feu dans leurs mains engendrera les arts.

LE CORYPHÉE

Voilà donc l'attentat que Zeus poursuit sur toi
Sais-tu du moins le terme de ton dam ?

PROMÉTHÉE

Le bon plaisir de Zeus.

LE CORYPHÉE

Que peut-on présager ? qu'espérer ? Avoue ta faute.
Certes je me déplais à exaspérer ta rancœur,
mais cherche à te sauver.

PROMÉTHÉE

On exhorte, on conseille aisément un malheureux,
quand on est soi-même hors de cause.
J'avais prévu mon sort ; mon crime, si c'est un crime,
je l'ai médité et voulu ; hautement je l'atteste.
En sauvant les humains, je savais me jeter au péril.

L'infamie du supplice seulement m'a surpris :
pourrir, incrusté à ce pic perdu, dans ce désert d'effroi. . .
Vous pleurez sur les maux qui frappent votre vue ?
Descendez du char, venez près de moi,
je vous dévoilerai l'horreur illimitée de ma détresse.
Cédez au désir du patient, vous qui compatissez ;
venez, le malheur rôde sans cesse autour de nous ;
il me frappe aujourd'hui ! demain chacun peut le subir.

LE CHOEUR (descendant du char et venant en scène)

Volontiers, nous t'obéissons, Prométhée !
nous descendons du char ailé,
et quittant l'azur limpide où passent les oiseaux,
nous posons nos pieds délicats sur la roche rugueuse,
car notre pitié est avide de connaître entière
ta lamentable histoire.

SCÈNE IV

PROMÉTHÉE, — LE CHŒUR DES OCÉANIDES, — OCÉAN

OCÉAN

Je viens vers toi, Prométhée, à travers l'espace,
porté par ce griffon docile et que ma volonté conduit
sans frein, ni bride.
Ah! je ressens ton infortune, sois-en sûr!
Ne serais-tu pas mon parent, tu m'es plus cher qu'aucun!
Une question suffit à me prouver sincère :
que puis-je faire? parle.
Tu n'as pas d'ami plus véritable qu'Océan.

PROMÉTHÉE

Que viens-tu faire ici ? T'amuser de mes peines ?
Pourquoi as-tu quitté l'abîme tempétueux que tu commandes
et les grottes que creusa la nature — pour la contrée productrice du ter ?
Est-ce curiosité ou compassion ? regarde l'ami de Zeus,
celui qui l'aida à fonder l'empire olympien.
Ces chaines accablantes, voilà ma récompense!

OCÉAN

Oh! lugubre tableau! Ecoute mes avis, si subtil que tu sois :
médite sur toi-même, réprime ton humeur ;
car les Dieux subissent un nouveau Maître
N'exhale pas ton amertume en insolences,
Des hauteurs de l'Olympe, Zeus entendrait ;
il pourrait t'infliger de nouvelles épreuves
dépassant de beaucoup ta présente souffrance,
Renonce à ta rancœur, prends pitié de toi-même!

Tu les vas mépriser ces bons avis de la vieillesse !
N'as-tu pas vu déjà l'effet des présomptions ?
Tu ne sais pas plier, tu te raidis contre le sort ;
même captif, tu provoques encor l'infortune !
Sois docile ; l'expérience parle et t'objurgue.
Tu dépends d'un tyran inflexible, d'un monarque absolu.
Je pars plaider ta cause et implorer ta délivrance ;
toi, reste calme et rentre ta colère, ô le plus subtil des Daïmons !
Souviens-toi du terrible écho que réveillent les témérités.

PROMÉTHÉE

Je t'envie, Océan, coupable de la même audace,
et complice de l'attentat, tu es sauf.
Abandonne ma cause, n'essaye pas de fléchir Zeus l'intraitable,
et même t'attardant ici, prends garde d'encourir sa défaveur !

OCÉAN

Cette lucidité à conseiller, si tu la mettais en pratique,
tu ne gémirais pas, maintenant, sous des chaînes.
N'essaye pas de m'en détourner ;
malgré toi, je vais de ce pas implorer ta grâce
et je me flatte, quoi que tu penses, de l'obtenir.

PROMÉTHÉE

Je me souviendrai de ce zèle : ton amitié paraît.
Mais pourquoi tenter l'inutile et te nuire à toi-même, sans me servir !
Quitte ce dessein et ce lieu.
Je ne veux pas que mon malheur se multiplie !
Crois-tu donc que je souffre seulement en moi-même
de ma seule douleur : je souffre dans mes frères !
Aux portes du couchant, Atlas soutient sur ses épaules,
effroyable fardeau, la colonne céleste.
Typhon, autre fils de la Terre, est englouti aux antres Siciliens ;
il tenait contre tous les Dieux, le monstrueux géant aux cent têtes.

Un souffle empoisonné sortait en sifflant de sa gorge ;
ses yeux lançaient l'éclair de la Gorgone
et Zeus s'arrêta un moment, il eut peur.
Mais le trait formidable qui déchire et éblouit la nue,
le tout-puissant tonnerre foudroya le Titan.
Il tomba inerte, consumé, réduit en cendres ;
son cadavre git encor au pied de l'Etna,
tandis qu'au sommet, Héphaistos forge le fer en ses fournaises.
De ce mont jaillira quelque jour un feu torrentiel,
la flamme dévastera la Sicile féconde,
Typhon, tout foudroyé qu'il est,
vomira sa fureur
en un fleuve de lave ardente, en tourbillons ignés.
Ton expérience, vénérable Océan, rendra superflu mon conseil ;
songe à toi-même.
Aucun supplice ne brisera ma volonté ;
la constance de la victime lassera la haine du bourreau.

OCÉAN

Même un cœur ulcéré peut entendre raison,
si on sait lui parler.

PROMÉTHÉE

Oui, si l'on intervient avant que la colère soit au comble
ou quand elle est tombée.

OCÉAN

Quel risque vois-tu donc à tenter la supplique ?

PROMÉTHÉE

Peine perdue, te dis-je, naïveté !

OCÉAN

Laisse-moi paraître naïf : n'est-ce pas l'extrême habileté ?

PROMÉTHÉE

On m'imputera l'incartade !

OCÉAN

Je ne puis m'y tromper : ma médiation, tu la repousses!

PROMÉTHÉE

Cette pitié pourrait entraîner ta disgrâce.

OCÉAN

J'attirerais ainsi la haine du nouveau roi de l'Empyrée ?
le crois-tu?

PROMÉTHÉE

Va et n'irrite jamais ce cœur inexorable.

OCÉAN

Ton malheur, Prométhée, me sera une grave leçon.

PROMÉTHÉE

C'est bien dit : va, hâte-toi.

OCÉAN

Je cède, je m'en vais. Voici mon griffon qui s'avance
à travers l'espace immense, avide de regaguer son étable !

SCÈNE V

PROMÉTHÉE, — LE CHOEUR DES OCÉANIDES

LE CHOEUR

(STROPHE I)

Je fais la lamentation sur toi, Prométhée, ô martyr !
les larmes de mes faibles yeux ruissellent
et coulent sur mes joues.
Supplice monstrueux !
Ah ! Zeus étale ici son absolu pouvoir ;
sur les Dieux d'autrefois, il alourdit son jeune sceptre.

(ANTISTROPHE I)

Déjà tous les rivages retentissent de plaintes,
l'humanité pleure ta gloire enfuie et celle de tes frères
Sur la sainte terre d'Asie, pas un insensible à tes maux !

(STROPHE II)

Les vierges armées de Colchide, les tribus du Marais Méotis,
ceux des confins du Monde et ces héros,
honneur de l'Arabie, derrière leurs remparts altiers frémissent ;
furieux, ils agitent leurs lances acérées.

ÉPODE

J'ai vu, avant toi, un autre Dieu chargé de fers,
l'infatigable Atlas, qui sans être brisé par l'écrasant fardeau,
soutient le pôle, en gémissant.
Les flots protestent en leur clameur !
avec rage, ils déferlent ; l'abîme aussi se désespère !
Les sombres profondeurs de l'Hadès regorgent d'horreur
et la source des fleuves sanglote ;
c'est le grand deuil pour le supplice d'Atlas !

PROMÉTHÉE

N'attribuez pas mon silence à quelque fol orgueil.
Mon cœur cesse son battement, dans la stupeur de la défaite.
Etre cloué à ce rocher de honte,
quand les Dieux d'aujourd'hui me doivent leur couronne !
Leur avènement fut mon œuvre, dois-je le rappeler ?
Eh ! vous le savez tous.
Ah ! laissez-moi plutôt parler des hommes,
de ces puérils instinctifs
devenus des intelligences, de raisonnables volontés.
Mon souvenir est exempt de reproches :
il plaît à mon amour d'énumérer les dons que je leur fis.
— Avant moi, ils regardaient sans voir,
entendaient sans comprendre.
Semblables aux fantômes des songes,
ils vivaient depuis des siècles, inconscients,
et sans notion aucune.
Ils ne savaient pas même s'abriter sous un toit de charpente
entre des murs de briques au soleil durcies.
Ils se terraient comme la mince fourmi
au fond des cavernes obscures ; ne distinguant pas même les saisons,
ils assistaient stupides à la tombée des neiges,
au renouveau des fleurs, à l'été qui précède l'automne plein de fruits.
Je vins, j'enseignai à ces brutes l'exact lever des astres
et leur coucher moins régulier.
J'inventai la science des nombres, savoir suprême,
j'imaginai les lettres et l'art de les grouper.
Ils me durent aussi la Mémoire, mère des Muses.
Le premier, j'accouplai des bêtes au joug ;
l'homme fut dispensé des travaux les plus rudes.
Je domptai le cheval et l'attelai au char, symbole d'opulence ;
je construisis ces chariots marins aux ailes de lin blanc
et qui fendent les ondes.

Voilà les prodiges que j'accomplis pour l'homme,
et je suis impuissant, sans ressource à mes maux.

LE CHOEUR

Tu subis une sentence inique ; elle enténèbre ton génie.
Et mauvais médecin pour toi-même
te voilà incapable de ton propre salut !

PROMÉTHÉE

Ecoutez encore, quelles sciences et quels arts j'inventai.
Ici. paraît ma pure gloire.
Autrefois, quand survenait la maladie,
il n'existait aucun soulagement ;
ni onguent, ni élixir, ni baume : tout malade mourait.
J'enseignai le remède, les mixtures qui rendent la santé.
Qui donc, si ce n'est moi, institua les arts divinatoires ?
et le premier, je discernai parmi les songes, ceux qui prophétisaient.
J'assignai un sens aux présages, jusque là inintelligibles.
Au voyageur perdu dans les chemins, j'appris à s'orienter.
Le vol des oiseaux griffus, je sus l'interpréter,
disant leur caractère, faste ou néfaste.
Qui donc apprit aux hommes à creuser les mines
pour arracher au sol les richesses cachées,
le fer, l'argent et l'or.
J'ai révélé le monde souterrain. — Que sert d'énumérer ?
L'inventeur de tous les arts humains, c'est Prométhée.

LE CHOEUR

Tu as trop fait pour les mortels : songe à toi-même,
rassemble ton génie, brise tes chaines,
et tu seras l'égal de Zeus.

6

PROMÉTHÉE

Tel n'est point l'avenir : l'inévitable Moire en décide autrement ;
mes tortures augmenteront sans cesse et mon malheur ira croissant,
jusqu'au jour de la délivrance.
Devant l'Ananké, l'art demeure impuissant.

LE CORYPHÉE

Qui tient la barre de l'Ananké ? qui la gouverne ?

PROMÉTHÉE

La triple Moire et les inoublieuses, les Érinnyes.

LE CORYPHÉE

Quoi, Zeus leur est soumis ?

PROMÉTHÉE

Zeus n'est qu'un vassal de l'Ananké !

LE CORYPHÉE

Son avenir, c'est l'éternel empire !

PROMÉTHÉE

Respecte ce mystère : garde-toi d'insister.

LE CORYPHÉE

Ce secret doit être terrible.

PROMÉTHÉE

Oui, terrible en effet ; il sera révélé, à son heure.
en le taisant, j'assure ma délivrance.
Si je parlais ; ces fers deviendraient éternels.

LE CHŒUR

STROPHE I

Que jamais mes désirs n'offensent la puissance
du pantocrate Zeus ! Bénie soit ma piété !
Que ma dévotion toujours s'empresse aux rites saints de l'hécatombe,
aux bords des flots immenses de mon père Océan.
Que mes discours jamais n'offensent les mystères !
Piété, auguste sentiment, habite, sans cesse, mon cœur !

ANTISTROPHE I

La vie est belle, qui s'annonce pleine de jours, riche d'espoirs,
quand la joie rayonne du cœur.
La vue de ton tourment me navre, Prométhée !
Tu aimas trop les hommes, tu n'as pas assez craint les Dieux !

STROPHE II

Vois les tristes effets de ton idée ? Qu'espères-tu des éphémères ?
Quel secours ? L'inertie, l'imbécilité de cette race,
leur faiblesse native,
les as-tu pas prévues, semblable en tous ses rejetons ?
leur volonté ne prévaudra jamais contre Zeus.

ANTISTROPHE II

L'effroyable tableau de ton supplice le manifeste !
Ah ! ces gémissements qui s'échappent aujourd'hui de ta bouche,
qu'ils diffèrent des chants d'hyménée que tu entendis
autour du bain et du lit nuptial,
lorsque tu pris pour femme Hésione, ma sœur.

SCÈNE VI

PROMÉTHÉE, — LE CHŒUR DES OCÉANIDES, — IO

(IO

Où suis-je?..... en quel pays ?... quel est ce criminel,
enchaîné sur le roc et que le vent secoue ?....
De quel forfait, est-ce là le supplice ?.....
Dis à la vierge errante, chez quel peuple, elle arrive.....
Oh ! oh !..... hélas !.... hélas !.... encore, encore
la piqûre du taon...... je revois le fantôme d'Argus !
Oh ! Terre.. cache-le..... Horreur......
Les cent yeux du bouvier me regardent,
il approche..... il est là.... l'Hadès relâche donc ses morts...
il revient me poursuivre, me forcer à courir,
mourante, affamée, le long des rivages stériles.

IO

(STROPHE)

La syrinx aux jointures de cire
soupire doucement la chanson du sommeil...
Dieux ! Dieux ! grands Dieux ! où poussez-vous ma course haletante ?
Pourquoi, Fils de Kronos, me torturer ainsi ?
Qu'ai-je donc fait?..... pourquoi ce taon qui me harcèle ?
cette démence.... ces terreurs qui paralysent ma raison ?
Lance sur moi ta foudre, ô Zeus, ou que la terre m'engloutisse !
Aux monstres de la mer, jette ma chair à dévorer !
fais-moi mourir, ô roi des Dieux, que le trépas borne ma course !
Je ne puis plus souffrir. Si je savais un terme à mon martyre !
L'entends-tu crier, ô Zeus,
la vierge aux cornes de génisse.

PROMÉTHÉE

Comment ne pas reconnaître à ces cris
la fille d'Inakhos, harcelée par le taon.
Le cœur de Zeus battit d'amour pour elle,
Héra se venge et la condamne à errer, sans répit.

IO

(ANTISTROPHE)

Tu connais le nom de mon père ? tu l'as prononcé !
Parle ; réponds à la pauvre génisse.
Qui donc es-tu ? quel est ton nom, lamentable patient,
qui reconnais la vierge errante, la victime des Dieux,
et nommes le supplice qu'elle endure, la frénétique harcelée ?
Hélas ! hélas ! furieuse et hurlante sous l'aiguillon envenimé,
les entrailles tordues par la faim,
je suis venue m'abattre ici, terrassée sous la haine d'Héra !
Oh ! mon malheur passe la force humaine
parle, dis-moi : que me reste-t-il à souffrir ?
Connais-tu un adoucissement, un remède à mes maux ?
Oh ! si tu le connais, daigne parler : oh ! un seul mot qui console,
dis-le, à la vierge errante, à la malheureuse génisse.

PROMÉTHÉE

Oui, je t'expliquerai ton sort mystérieux
sans ambage, ni énigme, avec simplicité,
comme un ami parlant à un ami.
Tu vois en moi celui qui donna le Feu aux Mortels !

IO

O Prométhée, sauveur des hommes,
pourquoi es-tu damné à ce supplice ?

PROMÉTHÉE

Je finis de pleurer ce lugubre récit.

IO

Fais-moi une grâce.

PROMÉTHÉE

Laquelle? je suis prêt à t'exaucer, fille d'Inackos !

IO

Qui t'enchaîna à ce rocher sauvage ?

PROMÉTHÉE

La volonté de Zeus et les bras d'Héphaïstos.

IO

Quel crime as-tu commis pour un tel châtiment ?

PROMÉTHÉE

Je ne puis t'en dire davantage.

IO

Dis-moi au moins le terme de ma course !
Que me reste-t-il à souffrir ?

PROMÉTHÉE

Ignore-le; cela vaut mieux pour toi.

IO

Même désespérant, même au passé semblable,
révèle-moi mon   enir !

PROMÉTHÉE

J'y consens.

IO

Dis-moi tout! oh dis-moi tout !

PROMÉTHÉE

Ma compassion hésite : je crains d'affoler ton âme.

IO

La vérité, voilà la pitié que j'implore !

PROMÉTHÉE

Tu l'as voulu, je parlerai. Écoute !

LE CHŒUR

Puis-je aussi demander une grâce ?
obtiens d'Io qu'elle nous dise son aventure, ses malheurs ;
tu lui révèleras après son avenir.

PROMÉTHÉE

Tu dois les satisfaire, ô fille d'Inachos :
ce sont les sœurs de ta mère.
A exhaler sa peine, on la soulage !
Il est doux de voir briller les larmes aux yeux de ceux qui nous écoutent.

IO

Comment résisterai-je à votre compassion ?
Malgré l'effort d'un tel récit, vous saurez ma détresse ;
comment persécutent les Dieux et ma triste métamorphose.

Chaque nuit, dans ma chambre d'enfant,
des apparitions m'obsédaient ;
chaque nuit une voix redisait ces paroles tremblantes :
« Oh ! trop heureuse jeune fille, que fais-tu de ta virginité ?
« De si belles amours t'implorent !
« Le Dieu suprême, enflammé de désir,
« voudrait célébrer avec toi les rites de Kypris.
« Belle enfant, ne dédaigne pas le lit de Zeus.
« Descends vers la vallée de Lerne,
« où paissent les brebis et les bœufs de ton père ;
« va cesser le tourment du Dieu, assouvis ses désirs ! »
Toutes les nuits même obsession, même fantôme.
Exaspérée de cette hantise incessée, j'avouai le songe à mon père ;
il envoya à Pytho, à Dodone, pour connaître la volonté des Dieux ;
mais les réponses ambigñes, énigmatiques, vagues,
n'expliquaient rien.
Enfin un oracle se manifesta, clair et précis.
Inackos devait bannir sa fille de sa maison, de la patrie.
J'étais condamnée à errer jusqu'aux confins du monde,
sinon le trait mortel de Zeus anéantirait ma famille.
Loxias avait parlé : il fallait obéir !
Mon père me chassa malgré moi, malgré lui !
Mon corps changea d'aspect, mon âme devint folle,
et sur mon front, des cornes se dressèrent.
Harcelée par un taon à l'horrible piqûre, je m'élançai
et courus jusqu'aux flots de Kenkrée, au pied des monts de Lerne.
Le bouvier, fils de la Terre, l'inflexible et cruel Argus,
me pourchassait, épiant tous mes pas de ses cent yeux.
Hermès m'en délivra ; mais toujours frénétique
sous l'aiguillon d'Héra, je repris ma course exaspérée
à travers les climats divers. Tel est mon effrayant passé.
Maintenant Prométhée, révèle-moi mon avenir cruel,
ne t'embarrasse pas d'une vaine pitié et de mensonges consolants.
On doit la vérité surtout aux malheureux.

LE CHOEUR

O Dieux ! Grands Dieux ! Assez !
Jamais mes oreilles ne furent ainsi épouvantées
et mon esprit jamais n'aurait conçu pareille atrocité !
O maux insupportables ! ô terreur écrasante !
A envisager ces tortures, la démence vous envahit :
et cependant quelqu'un les a vécues !
O Moire ! Moire ! devant l'infortune d'Io
mon cœur a froid, mon cœur a peur !

PROMÉTHÉE

Vous gémissez trop tôt ; modérez l'épouvante,
et réservez de la pitié pour des maux plus terribles encor !

LE CORYPHÉE

Dis-lui son avenir ; avide est le malade de connaître
le cours de sa souffrance !

PROMÉTHÉE

J'ai satisfait votre premier désir.
Vous avez entendu les épreuves d'Io, de sa bouche ;
écoutez maintenant les tortures nouvelles
imposées par Héra à cette vierge.
— Sois attentive, ô fille d'Inackos,
tu vas savoir enfin le terme de ta course.
D'ici, marche vers l'Orient, à travers les steppes de Scythie
que la charrue ne sillonna jamais.
Évite les flèches empennées du nomade,
évite les Khalybes forgerons ;
en longeant l'Hybristes, tu arrives en face du Caucase ;
il te faudra gravir, ce mont, le plus haut de la terre,
puis le descendre, vers le midi.

Les amazones guideront tes pas aux portes méotides ;
à la nage, franchis ce bras de mer.
Encor un peu d'efforts, te voilà en Asie. . . . .
Eh ! bien la cruauté du Roi des Dieux éclate-t-elle assez ?
Il a eu fantaisie d'une mortelle et la condamne à errer sans répit !
Terrible amant que Zeus ; car ceci, pauvre Io,
n'est qu'un prélude à de pires travaux.

IO

Malheur de moi ! Hélas ! Hélas!

PROMÉTHÉE

Tu pleures, tu cries déjà : et tu ignores ce qui te reste à souffrir !

LE CHOEUR

Quel surcroît de détresse peux-tu lui annoncer ?

IO

Plutôt la mort ! Ah ! plutôt me précipiter de cette roche
et tomber fracassée, mais délivrée !
La mort, la mort plutôt qu'une vie de supplice !

PROMÉTHÉE

Que dirais-tu donc à la place du patient qui ne peut pas mourir ?
Tu es libre de finir ta vie et ton angoisse ;
la mienne durera autant que le règne de Zeus.

IO

Zeus, un jour, tomberait de son trône ?

PROMÉTHÉE

Tu dois souhaiter sa déchéance ?

IO

Certes, moi qui suis sa victime innocente.

PROMÉTHÉE

L'évènement est fatal, je l'atteste.

IO

Qui donc lui ravirait le sceptre ?

PROMÉTHÉE

Sa propre démence.

IO

Comment cela ? Parle.... explique....

PROMÉTHÉE

D'indiscrètes et fatales amours.

IO

Avec une Déesse ? avec une Mortelle ?

PROMÉTHÉE

Je ne dois pas dévoiler ce mystère.

IO

Sera-ce son amante qui le détrônera.

PROMÉTHÉE

Non, mais le fils qu'il aura d'elle, devenu plus puissant que son père.

IO

Cette fatalité est-elle inéluctable ?

PROMÉTHÉE

Inéluctable ! à moins que délivré et libre de mes fers...

IO

Qui te délivrera, malgré Zeus ?

PROMÉTHÉE

Un de tes descendants.

IO

Quoi ? ton libérateur sortirait de mes flancs ?

PROMÉTHÉE

Parmi tes rejetons, il sera le treizième.

IO

Oracle obscur !

PROMÉTHÉE

Si mon oracle te paraît ambigu et obscur, interroge !
Oh ! mon loisir est grand de te répondre !

LE CHŒUR

Si tu lui as tout dit de ses courses sans fin,
satisfais notre avide attente : dis-nous qui te délivrera ?

PROMÉTHÉE

Ecoutez-donc, Océanides — Io, écoute aussi :
Près du delta du Nil, parmi les sables,
une ville, se dresse, Kanopé.
C'est là, ô fille d'Inakhos, que Zeus, d'une main caressante,
te guérira en te touchant.
Fécondée par le Dieu, tu engendreras Epaphos

qui règnera sur le pays du Nil, au cours majestueux.

A la cinquième génération, cinquante vierges effrayées

d'épouser leurs parents se réfugieront dans Argos ;

mais ceux-ci, éperviers acharnés poursuivant des colombes,

s'abattront sur leur proie, en des noces abominables.

La Terre Pélasgienne se fermera sur ces maudits du Ciel ;

Arès mettra au cœur de ces femmes une ardeur redoutable :

profitant de la nuit, chacune égorgera son époux avec le glaive.

Je voue mes ennemis à de telles Kypris !

Une seule, amoureuse de son mari, l'épargnera,

préférant être lâche que tuer l'homme de sa volupté,

et d'elle sortira la race des rois Argiens.

Il naîtra de leur sang, le héros aux flèches célèbres ;

ce sera mon libérateur, selon l'oracle de ma mère Thémis, la Titanide.

Plus de détails serait vain et sans profit pour vous.

10

Pitié..... pitié..... l'horrible mal.... la frénésie me ressaisit..

me brûle..... l'aiguillon du taon me déchire.....

mon cœur saute dans ma poitrine.....

de l'orbite mes yeux vont jaillir...

ah ! je suis emportée hors de moi....

le vertige me crispe, me secoue... ma langue s'épaissit,

ma bouche hurle, exhalant non plus des paroles sensées,

mais les cris de la rage..... horreur!..... horreur sur moi !

SCENE VII

PROMÉTHÉE, — LE CHOEUR DES OCÉANIDES.

LE CHOEUR

(STROPHE)

C'était un sage le premier qui prononça cette sentence :
l'Amour n'est heureux qu'entre égaux, et l'homme de la glèbe
ne doit jamais s'unir aux nobles ou aux fastueux.

(ANTISTROPHE)

Moires, ò rectrices, ne me voyez jamais
mettre le pied au lit dé Zeus, pour dormir avec lui !
Ne souhaitons pas l'amour des Olympiens !
Je frémis en voyant Io, dédaigneuse des hommes,
en proie à ce supplice que lui impose Héra !

(ÉPODE)

Un hymen entre égaux n'a rien qui alarme ;
mais il faut redouter le désir des Dieux.
Que leur fatal regard ne s'arrête jamais sur moi ;
nulle défense contre eux, et dans la complaisance, nulle sécurité.
que devenir alors et comment déjouer les ruses de Zeus ?

PROMÉTHÉE

Ce Zeus si fier, si sûr de lui,
descendra aux amours périlleuses.
Il y perdra le sceptre et le pouvoir ;
et la malédiction que son père Kronos en tombant lui jeta
aura tout son effet.
Aucun Dieu ne connait le moyen de salut et moi je le possède,
seul, je saurais le mettre en œuvre.
Qu'il trône infatué, confiant en sa foudre bruyante,
qu'il la brandisse, même fulgurante ;

vacarme sans effet, arme impuissante !
Zeus tombera, vous dis-je, ignominieusement et pour jamais.
Il se prépare de ses mains, à cette heure,
un terrible ennemi, un miracle de force invincible.
Celui-là trouvera une flamme plus vive
et plus tonnante que le fluide;
on le verra briser le trident de Poseidon, fléau qui pèse sur le monde.
Alors dans le naufrage entier de sa puissance,
Zeus pourra comparer la servitude et le commandement,
les ayant connus tous les deux.

LE CHŒUR

Tu prends tes vœux pour des fatalités.

PROMÉTHÉE

C'est mon vœu, mais c'est aussi l'Ananké.

LE CHŒUR

Zeus connaîtrait un maître ?

PROMÉTHÉE

Il souffrira des maux qui passeront les miens !

LE CHŒUR

Et tu ne trembles pas de blasphémer ainsi !

PROMÉTHÉE

Et pourquoi tremblerai-je ? Suis-je pas immortel ?

LE CHŒUR

Il peut aggraver ton supplice.

PROMÉTHÉE

Il le peut, en effet, je suis prêt à souffrir.

LE CHŒUR

Le sage révère Adrastée !

PROMÉTHÉE

Révère, honore, adore le Puissant ; dis-lui qu'il règnera toujours.
Moi, je méprise Zeus, je le défie ;
qu'il se hâte en ses volontés, bientôt son règne va finir !

SCÈNE VIII

PROMÉTHÉE, — LE CHŒUR DES OCÉANIDES, — HERMÈS

PROMÉTHÉE

Oh ! oh ! je vois venir le messager de l'Olympien,
le valet du nouveau tyran : écoutons ce qu'il annonce d'imprévu.

HERMÈS

C'est à toi que je parle, esprit subtil et rempli d'amertume,
criminel envers tous les dieux ; à toi qui as doté les hommes
des prérogatives célestes, à toi, voleur du Feu.
— Mon père te commande de révéler ces fameuses amours
dont tu parles avec assurance
et qui doivent le précipiter de son trône.
Livre-moi ce secret sans détour,
sans ambage, dans le plus grand détail.
Ne me force pas à revenir : crains la rigueur du Père.

PROMÉTHÉE

Ce parler emphatique et plein de morgue
convient à un valet de Dieux récents.
Vous vous croyez bien forts dedans vos citadelles,
ô rois d'hier, et à l'abri de tout malheur !
J'ai déjà vu tomber de votre Olympe deux monarques,
Ouranos et Kronos, et je verrai bientôt tomber
plus lourdement, plus bas encor, le tyran d'aujourd'hui.
Ai-je l'air effrayé et tremblant devant les nouveaux Dieux ?
Mon visage alors mentirait. Retourne vers qui t'envoie,
car tu n'obtiendras rien : je ne répondrai pas.

7

HERMÈS

Toujours cet orgueil insolent qui t'a conduit à ce gibet.

PROMÉTHÉE

Ah ! sache-le, Hermès, je n'échangerais pas la dignité de mon supplice
contre ton rôle de valet ;
je me préfère, incrusté à la roche
qu'asservi à ton Père, comme toi avili ;
oh ! je te tiendrai tête, injure pour injure !

HERMÈS

Tu te complais alors en ton supplice ?

PROMÉTHÉE

Je me complairais à te voir, en ces tortures, toi et mes ennemis.

HERMÈS

M'accuses-tu de tes malheurs ?

PROMÉTHÉE

J'englobe tous les Dieux dans l'essor de ma haine
car je les ai servis et ils me martyrisent.

HERMÈS

Tu délires, tu deviens fou.

PROMÉTHÉE

Raisonnable folie que haïr ses bourreaux !

HERMÈS

Dans la prospérité, tu serais intraitable.

PROMÉTHÉE

Ah ! Ah ! Ah !

HERMÈS

Voilà des cris amers que Zeus ignore !

PROMÉTHÉE

Le Temps, ce sombre pédagogue, se charge de l'instruire !

HERMÈS

Que n'a-t-il pu t'enseigner la sagesse !

PROMÉTHÉE

Sage, t'aurai-je seulement répondu, esclave ?

HERMÈS

Donc, tu ne diras pas ce que Zeus veut savoir ?

PROMÉTHÉE

De quelle gratitude dois-je donc m'acquitter ?

HERMÈS

Suis-je donc un enfant qu'on raille ?

PROMÉTHÉE

Un enfant serait moins insensé que toi.
Tu as cru que je parlerais ?
Ni tourment, ni ruse né m'arracheront mon secret.
Tombent d'abord mes chaînes !
Ainsi, Zeus peut brandir sa foudre étincelante,
pulvériser ce mont, précipiter sur moi l'avalanche des neiges
déchaîner la flamme souterraine

saccager la nature et la rendre au chaos !
Je ne parlerai pas. Inébranlable,
je refuse le nom de celui qui vaincra ton père.

HERMÈS

Qu'espères-tu d'un tel entêtement ?

PROMÉTHÉE

J'ai tout pesé : ma volonté est faite !

HERMÈS

Insensé, ose une fois être sage, par pitié pour toi-même !

PROMÉTHÉE

Tu m'importunes, tu convaincrais plutôt le flot des mers.
Ne te figures pas qu'un jour, tremblant, devenu femme,
je tendrai des mains suppliantes pour qu'on m'ôte mes fers,
implorant la clémence de Zeus. Oh ! tu te tromperais !

HERMÈS

Mon insistance est inutile ; je perds mes raisons, mes prières.
Rien ne t'émeut, ne te convainct.
Tu mors le frein et tires sur la bride ; comme un cheval sauvage
tu te cabres ! à quoi bon ? S'obstiner contre l'évidence
décèle la faiblesse plutôt que le courage !
Envisage, non plus ma démarche mais l'ouragan de maux
qui s'amasse pour crever sur ta tête, sans merci.
Mon père lancera sa foudre fulgurante
et toujours enchaîné tu rouleras parmi les débris, dans les ténèbres.
Après des siècles, quand tu reverras la lumière
l'aigle vorace, le chien de Zeus, viendra
déchiqueter ton corps et le mettre en lambeaux ;
chaque jour, l'oiseau de la vengeance dévorera ton foie,
et ton foie renaîtra chaque aurore, pour être dévoré à nouveau.

N'espère aucune fin à ton supplice,
il faudrait qu'un Dieu prit ta place
et descendit pour toi au noir Hadès,
aux sombres profondeurs du Tartare.
Réfléchis et décide !
Ceci n'est pas une menace vaine, une intimidation :
l'ordre de Zeus est formel ; ce qu'il a décidé, toujours s'exécute.
Rentre en toi-même ; que la prudence succède à ta folle opiniâtreté.

LE CHOEUR

Hermès nous semble avoir raison.
Il conseille de cesser ton entête-nent. Écoute la prudence, obéis !
La honte n'est pas de s'assagir, mais de persévérer dans l'erreur.

PROMÉTHÉE

Je connaissais déjà ce qu'il m'annonce :
être écrasé par l'ennemi, n'a rien d'étrange.
Tombe sur moi la spirale de feu !
Que l'Aither s'agite éperdu aux éclats du tonnerre !
que les vents hurlent et tourbillonnent !
que l'univers chancelle sur sa base,
et que la mer projette ses lames jusqu'aux étoiles ;
que mon corps tournoie, dans le cyclone,
et tombe s'abîmer au fond de l'horrible Tartare !
Je suis un Immortel !

HERMÈS

Imprécation d'un insensé ; ses douleurs le font délirer
sans réfréner sa rage.
Vous qui compatissez à ses douleurs, éloignez-vous ! quittez ce lieu !
l'éclat du tonnerre vous figerait de stupeur !

LE CHOEUR

Donne-nous un conseil plus généreux
si tu veux nous voir obéir !

Comment ordonnes-tu une telle infamie ?
Nous voulons souffrir avec lui,
car nous haïssons la traîtrise par dessus tous les vices !

HERMÈS

Vous êtes prévenus. Si la fatalité vous enveloppe dans son orbe,
n'accusez pas la Moire et n'accusez pas Zeus,
car vous aurez voulu votre malheur.
Prises alors aux rêts indéchirables de l'infortune,
n'accusez que vous-mêmes ô imprudentes !

(Les Okhéanides hésitent un instant, puis elles regagnent leur char.)

SCÈNE IX

PROMÉTHÉE, — LE CHŒUR DES OCÉANIDES (en fuite)

PROMÉTHÉE

Oui, en effet, ce n'est pas une vaine menace !
La terre tremble, la rauque voix du tonnerre rugit,
les spirales flambantes de l'éclair s'allument,
et des flots de poussière s'élèvent en tournoyant.
Tous les vents déchaînés soufflent ensemble et mêlent leur clameur ;
l'air se confond avec la mer.
Ah ! Zeus me livre le suprême assaut,
il m'assaille par l'épouvante.
O ma Mère, auguste Mère, et toi, Aither,
lumière infinie où se meuvent les mondes,
voyez, voyez ce que je souffre POUR LA JUSTICE.

LA PROMÉTHÉIDE,

PROMÉTHÉE DÉLIVRÉ

PROMÉTHÉE DÉLIVRÉ

———— ✳ ————

La scène représente la cime du Kaucase d'Asie : Taurus, Damavend, Hindoukhô
    (la chaîne va du Mérou à l'Olympe).
Prométhée est enchaîné au même rocher, mais ce rocher se trouve un peu à
    droite et non plus sur la gauche.
Mille aus ont passé depuis qu'il a été précipité dans le Tartare, toujours crucifié
    et enfin hissé avec son gibet par les Cyclopes sur cette nouvelle cime.
Eclaboussures de sang autour de lui.
C'est l'aube, pâle d'abord, puis croissante.

SCÈNE I

PROMÉTHÉE

Être immortel dans les supplices,
vivre des agonies au lieu de jours,
épuiser des angoisses sans répit renaissantes,
désespérer dans le présent, désespérer dans l'avenir,
crier, pleurer, saigner, se tordre mille années :
supplice dont une heure tuerait un mortel,
martyre dépassant ce que l'esprit conçoit,
torture qu'aucun langage n'exprimerait.
Oh ! mourir ! oh ! finir !
Un blessé se délivre en débridant sa plaie ;
si je pouvais arracher de mon être
l'odieuse immortalité !
Le voici, il vient à tire d'ailes, le chien de Zeus

qui de son bec crochu et dévide et lacère mes entrailles :
C'est le troisième jour.
et ma chair reformée et mon foie revenu
fascinent l'oiseau vorace du tyran.
Combien de fois encor, déchiqueté vivant,
dois-je me réveiller, phénix de la douleur.
sous les serres de l'aigle ?
Il hésite, il tournoie, il s'écarte, il a peur. . .
Trois jours ont vu mon flanc guérir ;
je lui offre à nouveau son horrible pâture. . .
Non, voici qu'il s'élève et disparait dans la nuée.
Est-ce un présage et mon libérateur va-t-il paraître ?
— Profitant du répit, malheureux Prométhée,
rassemble tes pensées éparpillées par la souffrance !
Combien de temps ai-je pleuré, loin de toute lumière
au fond du noir Tartare, dedans la triple nuit ?
J'ai regretté l'ardent soleil qui fait peler le corps
et la brise nocturne qui glace jusqu'aux veines.
Ce fut un adoucissement
quand les Cyclopes hissèrent, en pleurant,
mon rocher de Scythie, sur cette cime du Caucase.
La nature eut pitié ; les vents se détournaient,
et la neige et la grêle et la foudre
tombaient autour de moi, sans me toucher.
Un attendrissement parut dans la matière inerte,
mon rocher sut me plaindre.
Seul implacable, Zeus continua sa haine !
Oh ! mourir ! oh! finir !
Horreur de l'Ananké ! Horreur de l'Immortalité !
— Je ne sais rien des hommes, de leurs générations nouvelles
Depuis mille ans, les arts sont nés,
Des temples ont surgi ; un peuple de statues a dù paraître
et la lyre a vibré aux mains des Ephémères,
créateurs à leur tour, aux Dieux semblables.

Et moi, à qui suis-je semblable ?

Daïmon plus grand qu'un Dieu. plus misérable qu'un mortel ?

Les Olympiens jouissent et les terrestres meurent,

et je souffre à mourir et je suis immortel !

Dans l'univers, tout change, évolue, se transforme ;

il n'y a d'immuable que le supplice de Prométhée.

Quelle compensation à mes tortures

prépares-tu,`Destin ?

Non, le trône de Zeus n'est pas un digne escabeau

pour descendre de mon gibet dix fois séculaire.

— Lorsque mon corps plaintif ralentit son spasme,

je sens éclore en moi la vraie divinité.

La douleur ! la douleur ! voilà donc le mystère

et l'unique rapport entre la créature et l'Incréé ;

Comme elle nous élève, comme elle explique tout !

Il a cessé, le don de prophétie !

Je ne vois plus dans l'avenir ;

mais je lis la pensée du vrai Dieu,

à travers les secrets du monde.

Je comprends, je comprends mon supplice !

J'ai assumé sur moi les mille ans de détresse

d'affreux tâtonnements, d'impuissante faiblesse

que devait au Destin la triste humanité !

En lui donnant le Feu, en lui donnant mon âme,

je l'ai exonéré du formidable impôt.

Le téméraire Atlas a provoqué, sur lui, le poids du globe ;

il supporte le monde à lui seul :

et moi, dans un aveugle dévouement,

j'ai provoqué un fardeau plus terrible,

et je porte le poids de la brutalité, de l'ignorance,

des crimes et des fautes de dix siècles humains.

Oui, j'ai sauvé les hommes

mais la Norme voulait mille années de douleur ;

seul, j'ai souffert pour tous :

voilà pourquoi mon supplice est immense.
— Aither divin, Océan de clarté où se meuvent les mondes,
vents à l'aile rapide qui emportez mes cris
sources des fleuves moins coulantes que mes larmes,
et toi, innombrable sanglot de la vague marine
et toi aussi, Soleil, œil immense du monde,
contemplateur de mes innombrables agonies,
voyez le Dieu qui se sacrifia pour l'homme !
voyez l'audacieux qui, ôtant le désespoir aux éphémères;
osa l'enfermer dans son cœur !
Témoins de ma torture, quand verrez-vous ma gloire ?
Quelle aurore luira sur mes chaînes brisées ?
Hélas ! mon esprit que la douleur opprime
a perdu le don prophétique.
S'il n'était pas de terme à ma détresse ?
mon effort s'épuise, ô Destin !
Pourquoi remuer l'air par ces vaines paroles ?
Zeus peut entendre et croire que je plie.
Avoir tant fait pour tous, Olympiens et terrestres,
et rester impuissant pour soi-même !
Horreur ! voici l'aigle bourreau
qui tache de ses ailes noires, l'azur vermeil.
Oh ! mourir ! oh ! finir !
Quel est ce bruit ? qui donc escalade ce mont ?
Sous quels pieds, roulent bruyamment les cailloux ?
Est-ce un Dieu qui approche, un homme ou un Daïmon ?
Qui peut venir à ce sommet du monde
même pour le plaisir de voir ma honte ?
Et la haine divine et la reconnaissance humaine
également m'oublient !
Contemplez donc, sinistres curieux,
un Immortel vaincu, chargé de fers,
la victime de Zeus et l'opprobre vivant de l'Olympe,
qui meurt et chaque jour renaît et meurt encore

pour le salut des hommes !

Hélas ! hélas ! quel est ce lourd piétinement ?

J'entends près de moi l'essoufflement de poitrines robustes. . .

Ah ! toute approche m'épouvante

SCÈNE II

PROMÉTHÉE, — LE CHOEUR DES TITANS

LE CHOEUR

(STROPHE I)

Ne crains rien ; c'est une amie, cette lourde cohorte
venue vers ton rocher, d'une marche pressée,
malgré tous les obstacles.
Nous avons dédaigné ton conseil, ô mon Frère,
trop tard nous avons reconnu ta sagesse,
Pendant notre longue captivité,
nous pensions à ta subtilité
qui nous évitant mille maux
nous promettait la victoire.

PROMÉTHÉE

Hélas ! hélas ! enfants de la terre féconde et du ciel !
ô mes frères, comment avez-vous échappé
aux Hécatonchires, vos geôliers ?
Voyez mes fers rouillés de sang, contemplez le patient
qui se tord sur le roc, depuis mille années !

LE CHOEUR

(ANTISTROPHE I)

L'horreur monte à mes yeux en nuages de sang.
Oh ! te voir incrusté à la roche et crispé sous ces chaînes
lorsque nous avons fait notre paix avec Zeus !
Car nous habitons paisiblement
aux confins de la terre, les îles Fortunées.
Sitôt délivrés, nous sommes accourus vers toi.

PROMÉTHÉE

Si mon malheur pouvait être allégé,
ce serait en vous voyant libres.
Ainsi, au cœur de Zeus, la clémence descend !
Tout s'harmonise, tout s'apaise et on délivre les Titans !
Seul, Prométhée continue à gémir dans l'univers calmé

LE CHOEUR

(STROPHE II)

Nos cœurs sautent dans nos poitrines
et nos yeux se détournent
en voyant ton corps férocement supplicié !
Ah ! malgré la clémence de Zeus pour nous,
nous le disons hautement,
il accomplit sur toi une atroce vengeance
au lieu d'une œuvre de justice.

PROMÉTHÉE

Votre pitié me réconforte et me soulage !
Qu'est devenu l'aveugle Ephialtès ?

LE CORYPHÉE

Apollon l'a guéri, l'immortel citharède a pris sous ses auspices
l'art de la médecine.

PROMÉTHÉE

Cet art, je l'inventai : et Klytios ? Polybotès ?

LE CORYPHÉE

Backhos dans une orgie a ressuscité l'un,
et la terre de Kos rendit le second à la lumière !

PROMÉTHÉE

Et Gration ? Agrios ? Thoon ?

LE CORYPHÉE

Tous deux rappelés à la vie sont devenus pontifes,
l'un d'Artémis, l'autre d'Arès ;
Thoon sortit des profondeurs où Poséidon le plongea. -

PROMÉTHÉE

Ah ! je te reconnais, Encelade ! et toi aussi, Porphyrion !
Alcyonée ! Parle-moi de mon frère Atlas !

LE CHOEUR

Un oracle déclare qu'il portera le monde
tant qu'un seul souffrira pour tous.

PROMÉTHÉE

Oui, mon sort au sien est lié. — Et les Mortels ?
Pour arriver à moi vous avez traversé bien des pays et des cités :
les Mortels, que sont-ils aujourd'hui ?

LE CHOEUR

Pour arriver vers toi, Prométhée, nous avons traversé le Phase,
qui sépare les deux terres d'Europe et d'Asie.
Puis, nous sommes venus aux rivages empourprés,
aux ondes sacrées de la Mer rouge.
Vers ces parages, si éprouvés par la foudre,
non loin de l'océan, au lac nourricier de l'Ethiopie,
là, où celui qui voit tout, Hélios, chaque jour plonge son corps,
et ranime ses coursiers épuisés au tiède courant de l'onde.

PROMÉTHÉE

Parlez-moi des Mortels!

LE CHŒUR

Sages et prospères, par tes enseignements
ils ont conquis l'amour des Dieux.
Partout nous avons vu les fruits de ton audace ;
splendides sont les temples, somptueuses les demeures.
Une race entre toutes s'élève et resplendit,
elle a pris Athéné pour patronne.

PROMÉTHÉE

O race Titanide, ô fils de la Terre et du Ciel,
mes frères par le sang, mes frères par le sort,
vous qui avez péché contre le Destin même,
vous voilà saufs et libres :
les portes d'airain du Tartare se sont ouvertes devant vous,
et moi je continue ma faction sinistre, au sommet du Caucase.
Comme les matelots amarrent fortement leur nef
lorsque le vent du soir annonce la tempête,
ainsi Zeus m'a lié à ce roc, par les bras d'Héphaistos.
Sur l'ordre paternel, le sombre ouvrier de Lemnos forgea ces fers.
Sa main, féroce par devoir, les riva sur mes membres écartelés.
Prisonnier du Caucase, je hurle et me convulse,
seule chose vivante, en ce désert d'horreur.
La cruauté de Zeus s'est aiguisée en de pires violences.
Tous les trois jours, l'aigle Olympien
s'abat sur moi, victime renaissante.
Du noir éploiement de ses ailes, il me couvre ;
sa serre aiguë fouille mes flancs,
et son bec recourbé déchiquète mon foie ;
et puis, il pousse un cri de sinistre victoire,
et secouant ses plumes ensanglantées et alourdies,
il monte repu et triomphant vers l'Empyrée.
Mais, horreur inouïe, mon corps se renouvelle,
ma chair se cicatrise et l'oiseau monstrueux redescend,

redévorer mon foie ressuscité.

Ainsi je meurs et je renais à la même torture ;

ainsi Zeus exploite, au profit de sa haine, mon immortalité !

Hélas ! voyez mon esclavage et mes chaînes !

Sous quel écrasement de haine, les flancs ouverts et déchirés

je subis le honteux supplice

sans que la mort puisse venir à mon appel ;

sans l'espoir d'un sommeil, sans répit :

et mes douleurs s'accumulent, se superposent accablantes.

Mille années j'ai souffert, martyr d'un despote odieux.

Je ne suis qu'un cadavre qui pense ;

mon esprit s'effare et délire,

sous l'ardeur du soleil ou la glace des nuits ;

je meurs d'effroi, je meurs de honte, je meurs de rage.

Voyez ces mornes rubis semés autour de moi ;

c'est ma sueur de sang qui pourpre le Caucase.

LE CHŒUR

O Justice ! Justice !

Jamais mes oreilles ne reçurent telle épouvante d'un récit,

et mon esprit jamais n'aurait conçu atrocité pareille !

O maux insupportables, écrasantes terreurs !

rien qu'à les évoquer ces tortures, la raison s'égare :

et cependant, Prométhée, tu les as vécues,

tu les subis encore !

Ah ! Frère, mon cœur a froid, mon cœur a peur !

PROMÉTHÉE

Epouvante ! le revoici ! le chien de Zeus !

Je sens l'air agité par ses puissantes ailes. . .

O Justice ! O ma mère, pitié !

Et toi, Dieu inconnu qui commandes au Destin,

tu m'abandonnes ; si tu n'existais pas...'..

Je n'ose ouvrir les yeux ! O Justice ! O ma mère !

LE CORYPHÉE

Une flèche a percé l'aigle ;
le sang tache son aile noire qui s'alourdit ;
il ne se soutient plus, il tombe en tournoyant.
Rouvre les yeux et vois, ô Prométhée !
ton bourreau, inerte maintenant, qui roule,
chose abolie, sur le flanc du Caucase !

PROMÉTHÉE

Serait-ce vrai ? Dois-je croire à vos cris ? Dois-je croire à mes yeux ?
Ah ! Justice, ma mère, tu m'as donc entendu !
Qui a lancé le trait ? Quel fils de Pandore et d'Io ?
Le héros aux flèches immortelles est-il là ?

LE CHŒUR

Le voici, vêtu d'une peau de lion, tenant son arc qui vibre encor !

PROMÉTHÉE

Qu'il vienne devant mes yeux !
A travers mes larmes joyeuses
que j'aperçoive le visage de mon sauveur !

SCÈNE III

PROMÉTHÉE, — LE CHŒUR DES TITANS, — HÉRAKLÈS

PROMÉTHÉE

Vite, devant mes yeux, ta chère présence !
Vite ton nom à mon oreille, à mon cœur !

HÉRAKLÈS

Je suis Héraklès, fils de Zeus et d'Alcmène

PROMÉTHÉE

O fils chéri d'un père détesté, treizième petit-fils d'Io, la génisse
qui vint au sommet de Scythie où d'abord Héphaistos m'enchaîna.

HÉRAKLÈS

Malgré les répugnances de mon Père, me voici !
Il m'aime plus encore qu'il ne te hait.
La gloire de son fils l'emporte sur sa vieille rancune.

PROMÉTHÉE

Ne me parle pas de ton Père : je le maudis !

HÉRAKLÈS

Ce n'est pas mon office de juger entre lui et toi.
Tu souffres et je suis l'homme de la Justice !

PROMÉTHÉE

Ta mère avec son lait te donna la bonté,
et je bénis Alcmène, cette Pandore, qui t'enfanta
pour le salut du Titan prisonnier.

HÉRAKLÈS

Avec l'aide des Kronides robustes qui certes le voudront,
je t'arracherai de ton gibet, moi, Alcide !

PROMÉTHÉE

Ne l'essaye pas : ma volonté et le Destin refusent.
Malgré mon avilissement, Zeus a besoin de moi.
Je puis seul déjouer le complot
qui menace son trône.
Il a permis à ton arc glorieux de tuer l'aigle
pour que je parle enfin ; je me tairai toujours.
Veux-tu savoir ton avenir et des prochains travaux ?
mon esprit se reconquiert sur la souffrance,
l'avenir reparait visible devant moi !

HÉRAKLÈS

Un oracle m'annonce qu'un jour, entouré d'ennemis,
je n'aurai plus assez de flèches pour ma défense.
En quel lieu ? chez quel peuple ?

PROMÉTHÉE

Lorsque tu quitteras les Gabiens hospitaliers
qui ignorent la charrue et la nécessité du sillon,
en sortant du pays où le blé pousse de lui-même,
toi, si épris de combats, tu trouveras pour adversaires
les Ligures, guerriers que rien n'étonne.
Contre eux tu manqueras de traits :
car le Destin l'ordonne et ce sol n'a pas de cailloux.

HÉRAKLÈS

Je mourrai ce jour-là écrasé par le nombre ?

PROMÉTHÉE

Non, ému en son cœur, Zeus fera tomber
une grêle de pierres ; elles couvriront le pays,
Avec ces projectiles, sans peine tu accableras les Ligures.

LE CHŒUR

Héraklès, cesse d'interroger un patient !
Songe combien d'années il a vécu, ainsi supplicié !
Si tu nous le commandes, toi fils bien aimé de Zeus,
nous le délivrerons de nos mains, malgré le péril !

HÉRAKLÈS

Fils de Thémis, tu m'as distrait de mon devoir,
en révélant le plus obscur de mes travaux :
et voici que les Titans montrent une âme
plus généreuse, plus pitoyable !

LE CHŒUR

Notre zèle ne t'étonnera pas,
si tu te souviens que Prométhée est notre frère !

HÉRAKLÈS

Puissant Zeus, qui m'as conçu aux flancs d'une éphémère,
me destinant à l'immortalité,
supporte qu'un fils pieux te brave,
et que sa compassion efface ton courroux !
Que diraient l'univers et l'Olympe
si je craignais une fois même, ta volonté ?

PROMÉTHÉE

Ton bras qui étouffa le lion de Nemée,
ne peut briser ces fers rivés par Héphaistos !

Même le pourrais-tu, je te repousserai !
La constance de la victime harassera la haine du bourreau !

LE CHŒUR

Sublime volonté qui résiste aux affres du supplice !
Tu apparais intraitable dans la détresse, ô Prométhée,
comme le dur fils de Kronos est absolu en son triomphe !
Heraklès ne cède pas à son obstination !

HERAKLÈS

Comme on force un malade à l'opération salvatrice,
brisons ce roc et arrachons ces fers.

PROMÉTHÉE

Vous voulez me ravir le profit éternel
de mille années d'horreur ;
vous voulez que l'innocent s'évade
comme un coupable, par des complices secouru !
La volonté de Zeus et le bras d'Héphaistos
m'ont enchainé à ce gibet :
j'attends que Zeus change sa volonté
et j'attends qu'Héphaistos défasse son ouvrage.

LE CHŒUR

Zeus ne peut pas vouloir contre lui-même
Il envoya son fils : qu'espères-tu davantage ?
Ne sois plus, Prométhée, l'ennemi de toi-même !
Héraklès, sauvons-le malgré lui !

PROMÉTHÉE

La Justice doit triompher ou bien le monde va finir !
Si, téméraire, j'ai livré aux hommes
des secrets d'immortalité,

ma faute est abolie ; par le supplice, je suis purifié !
Mais Zeus qui fut cruel, et qui a profité de mes audaces
expiera à son tour : la Moire veut qu'il s'humilie !

HÉRAKLÈS

A l'œuvre, tordons ces chaînes,
arrachons ces anneaux : Titans ! (mouvement des Titans qui obéissent)

PROMÉTHÉE

Arrière, suppôts d'Olympe, valets de Zeus !
Frères perfides, et toi, fils d'Alcmène, imposteur !
Ce n'est pas la pitié qui vous mena au sommet du Caucase !
mais la servilité envers le despote empyréen.
Faites un pas, osez un geste, -
Je vous maudis ! (Les Titans reculent.)
Héros tueur de monstres, ne touche pas à mon destin !
Ce gibet est un trône, ces fers les ornements de la puissance d'âme !
L'humanité me devra son salut.
J'ai donné l'impulsion et j'ai donné la flamme ;
je suis le Dieu de la Pitié !
Arrière, pervers et lâches !
le fiel du lion et la bave de l'Hydre,
le cri du sanglier et celui des oiseaux stymphalides,
le hennissement des cavales et les mugissements du taureau.
et les trois corps de Gérion et les trois gueules de Cerbère
sont moins redoutables ensemble que l'anathème du Titan !
Arrache un seul des clous qui me retiennent
j'arracherai le sommeil de tes yeux !
Tu entendras à chacun de tes pas
à chaque atome qui coule du sablier,
la clameur effrénée, délirante, l'hymne Erinnyque,
l'hymne sans lyre qui rend les âmes folles !

HÉRAKLÈS

Ta fureur me désole et ne me blesse pas
mais ton accusation me stupéfie ;
ne suis-je pas treizième parmi les petits-fils d'Io
et ton libérateur, selon la prophétie ?

PROMÉTHÉE

Tueur de l'aigle, je t'admire, je t'aime, je te bénis !
Je puis maintenant supporter mon supplice.
Mais, réfléchis : si ta flèche a percé le chien de Zeus
et si tu es ici, c'est que l'heure a sonné de mon salut :
et grâce à ce secret dont ton père a besoin,
ma délivrance viendra telle que je la veux :
réhabilitation, non pas miséricorde !

HÉRAKLÈS

Ma gloire veut que je te sauve.

PROMÉTHÉE

Quoi, tu détournerais à l'honneur de ton nom
la dignité de mon supplice ?
Tu ne vois dans mon infortune qu'une prouesse à tenter ?
et ton cœur, loin de compatir, ne montre ici
qu'un souci égoïste de renommée ?
O digne fils de Zeus !

HÉRAKLÈS

Ta dure parole, fils de Thémis, me navre !

LE CHŒUR

Oui, le Titan dit vrai :
nous-mêmes sommes venus chercher aussi la gloire
d'avoir consolé Prométhée sur son Caucase,

PROMÉTHÉE

Quand Eurysthée retrancha du nombre des travaux
celui où Iolaus t'aida, tu devins furieux.
Or, apprends-le, héros obtus : les travaux Prométhéens s'appellent,
la constance et la ténacité dans les supplices!

HÉRAKLÈS

Je cède à ta subtilité presciente : je me résignerai

LE CHOEUR

Voici le messager de Zeus ; il apporte sans doute une parole olympienne.

SCÈNE IV

PROMÉTHÉE, — LE CHŒUR DES TITANS, — HÉRAKLÈS, — HERMÈS

PROMÉTHÉE

Ecoutons l'ingénieuse fausseté de cette bouche d'imposture ;
sa langue est l'instrument de tous les mensonges divins.
Ecoutons le Dieu propre à tout, le Dieu sans conscience.

HERMÈS

Tu me calomnieras toujours.
Tu me dis propre à tout :
le bien ne m'est donc ni étranger, ni impossible.
Je viens aujourd'hui en ami, en Dieu reconnaissant !
Comme inventeur, je t'admirai toujours ;
et depuis mille années je les ai vu germer au cœur de l'homme
tes semailles sublimes.
Oui, le feu engendra les arts et les sciences.
J'ai des temples et je bénéficie,
comme les autres Bienheureux, de tes audaces.
L'opinion de l'Olympe sur toi a bien changé !

PROMÉTHÉE

Ainsi mon Verbe devança, de si loin, la pensée de Zeus !
Il a fallu dix siècles aux Immortels pour me comprendre !
Sans doute, ils m'ont chassé de la mémoire humaine ?

HERMÈS

Ils l'ont tenté.

PROMÉTHÉE

La Religion, la sublime entreprise qui relie le Mortel aux Dieux,
la religion dont j'ai tracé les bases, que dit-elle de Prométhée ?

HERMÈS

On t'appelle le Mal et le pervers, le mauvais,
l'esprit de révolte et de ténèbres ;
les prêtres t'ont nommé l'adversaire de Dieu ou le daïmon.

PROMÉTHÉE

Qu'enseigne-t-on sur mon péché, sur mon supplice ?

HERMÈS

Tu as perdu les hommes par la fausse science
et Zeus pardonnerait si tu pouvais te repentir.

PROMÉTHÉE

Zeus se repentira ; mais crois-tu que Prométhée pardonne ?

HERMÈS

Ne déraisonne pas : laisse Héraklès et les Titans agir !
Mon Père fermera les yeux.

PROMÉTHÉE

C'est toi qu'on appelle rusé et les Dieux pour héraut t'ont choisi,
et tu veux me convaincre par ces grossières trames ?
On mesure toujours les autres à sa taille :
affront mortel, Hermès, tu m'oses croire à toi semblable ?
Celui qui sut se taire et souffrir mille années,
enchaîné, écrasé, dévoré vivant,
et qui resta irréductible ;
celui dont la constance est de granit,
tu penses le réduire par de vaines paroles ?

Réfléchis, maladroit, jeune étourdi, médite !
Voici le fils de Zeus et voilà son courrier !
Serais-je donc subtil, si je ne voyais pas
que mon salut est imminent, fatal ?
Va dire au Dieu qui ne sait pas se repentir
que Prométhée a retrouvé des forces et peut souffrir encor !

HERMÈS

Insensé, tu refuses la délivrance ?

PROMÉTHÉE

Le juste repousse la clémence.
Prisonnier pour une heure à peine,
je ne donnerai pas ce dernier moment de gibet
pour le trône de Zeus !

HERMÈS

Qu'espères-tu ?

PROMÉTHÉE

J'attends le repentir de Zeus et la tenaille d'Héphaïsto.

HERMÈS

O folie indicible !

PROMÉTHÉE

Mille ans, j'ai attendu justice ;
je me démentirais pour un dernier moment !
M'a-t-on jamais vu faible, femme, tremblant,
tendre vers l'Empyrée de suppliantes mains ?
Prométhée ne veut pas s'évader du supplice
Celui qui l'édicta, va se dédire :
celui qui me lia, viendra me délier.

HERMÈS

Titans, qu'on le délivre par la force, Zeus le veut !

LE CHŒUR

Pour avoir méprisé l'avis de Prométhée
nous sommes tombés dans l'Hadès :
aujourd'hui, nous respectons sa défense, car il sait l'avenir.

HERMÈS

Abandonnez ce fou du moins ; qu'il reste seul, l'opiniâtre !

LE CHŒUR

Donne un conseil plus généreux, si tu veux nous voir obéir
et ne réclame pas une infamie ; nous haïssons les lâchetés
Auprès de lui, très longtemps, nous resterons !

HERMÈS

Suis-moi, Héraklès, ton départ le fera réfléchir ;
il sait que si tu quittes le Caucase, son espoir est perdu !

HÉRAKLÈS

Je ne suis qu'un mortel, un héros d'équité,
tueur de monstres ; je protège le faible, le souffrant ;
je détruis le méchant, je poursuis le pervers.
Ainsi sous la haine d'Héra, je marche à l'immortalité.
Je n'entends rien aux arguties que tu prononces.
Prométhée refuse mon bras, mais il accepte la compagnie de ma pitié.
Va dire au Père qu'il ne s'étonne pas,
si l'infamie pullule,
si les mauvais foisonnent,
si on voit l'innocence opprimée et le bon droit partout vaincu.

Héraklès pose ici son arc et cesse ses travaux :
Que l'injustice triomphe sur la terre
tant qu'elle règnera au sommet du Caucase !
Va, et le dis au Père! (Exit Hermès.)

SCÈNE V

PROMÉTHÉE, — LE CHOEUR DES TITANS — HÉRAKLÈS

PROMÉTHÉE

Ta gloire reste entière, Fils d'Alcmène
sans entacher la mienne !

LE CHOEUR

Aux traits de Prométhée, un changement s'opère,
ses yeux s'avivent d'espérance ;
son esprit prophétique ne saurait l'égarer.
Il sent venue l'heure sacrée,
où tomberont ses chaînes.

HÉRAKLÈS

Ou tardive ou prochaine, cette heure, je l'attendrai !

SCÈNE VI

PROMÉTHÉE, — LE CHŒUR DES TITANS, — HÉRAKLÈS, — ATHÉNÉ, — HÉPHAISTOS.

LE CHŒUR

Voyez la fille de Zeus, la vierge casquée ;
des hiboux traînent son char ;
à côté d'elle, le sombre Dieu de Lemnos !

HÉRAKLÈS

Voici, Pallas Athéné !
Je comprends, Prométhée et j'admire
Ta pensée redoutable vaut mieux que ma massue
et tu es le Dieu de l'Esprit.

Athéné armée s'avance, suivie d'Héphaistos portant des tenailles et autres outils.

LE CHŒUR

Elle se réalise, la prophétie de Prométhée !
Ce n'était pas une imagination, un songe !
le Despote du Ciel envoie sa fille !

ATHÉNÉ

Héphaistos, à l'ouvrage ! Exécute l'ordre olympien !
De ce roc qui pend sur l'abîme,
détache ce génie et dérive ses fers.
S'il nous ravit le Feu, il nous donna la foudre.
Les pernicieux effets de sa trop grande audace sont effacés ;
il n'en reste que des fruits admirables.
Sa délivrance lui apprendra que Zeus sait réparer ses torts
et qu'aujourd'hui il aime aussi les hommes
puisqu'il réhabilite leur sauveur.

LE CHOEUR

Paroles rayonnantes de sagesse, paroles dignes d'Athéné !

HÉPHAISTOS

O Pallas, mes mains sont lentes à réaliser tes mots rapides !
Ah ! la douce mission. Ce frère, ce Dieu,
Je vais donc l'arracher à son affreux gibet !
Il faut pourtant que mon émotion se taise !
Avec quelle joie, j'obéis à Zeus !
O fils subtil de Thémis, je vais donc t'arracher à ce roc.
Tu reverras le visage des chers mortels, tu entendras leur voix !
Oh ! tu ne seras plus brûlé par le soleil, ni glacé par les nuits.
Oui, ton dam est fini ; ton libérateur le voici !
Et tu comtempleras bientòt les fruits de ton amour pour l'homme !
Dieu Prométhée, ò bienfaiteur de tous les Dieux,
ton œil va retrouver le sommeil ;
tes membres connaitront enfin le repos !

ATHÉNÉ

Pourquoi tarder en de tels bavardages ?
Si tu l'aimes, ce Dieu, qu'attendent tous les Dieux pour le fêter,
hâte-toi !

HÉPHAISTOS

Ah ! je me réjouis et dans mon cœur et dans mon sang !

ATHÉNÉ

Réjouis le patient par ta célérité !

HÉPHAISTOS

Oui, je me presse ! Ah ! bénie oui, bénie l'industrie de mes mains !

ATHÉNÉ

Ne la bénis pas, emploie-là !

HÉPHAISTOS

Ab ! la noble tàche qui m'est échue !

ATHÉNÉ

Hâte-toi ! sinon Héraklès saisira ta tenaille !

HÉPHAISTOS

Les anneaux des mains, les voila descellés !

ATHÉNÉ

A l'ouvrage ! Arrache les clous, sans le blesser !

HÉPHAISTOS

En un instant : ses mains sont libres !

ATHÉNÉ

Décloue, descelle, arrache !

HÉPHAISTOS

Voici un bras dégagé, sans le meurtrir !

ATHÉNÉ

Dégage l'autre vivement. Qu'il sente la bonté de Zeus !

HÉPHAISTOS

Ah ! mon marteau avait fait une belle besogne ;
à défier le bras d'Héraklès et l'effort des Titans.

ATHÉNÉ

Que ta tenaille parle seule, Héphaistos !
Déroule ces chaines, délivre-lui les reins !

HÉPHAISTOS

J'y travaille, certes : le torse est libre enfin !

ATHÉNÉ

Hâte-toi ; coupe l'anneau des cuisses !

HÉPHAISTOS

Oui, oui ; ce sera bientôt fait !

ATHÉNÉ

Maintenant, dégage les pieds !

HÉPHAISTOS

Ta parole est douce, quoique impérieuse comme ton aspect !

ATHÉNÉ

Mon cœur s'émeut comme le tien, mais il pense à agir !

HÉPHAISTOS

Le voilà libre de tous ses membres.

PROMÉTHÉE (a glissé à terre, ses pieds touchent le sol ; il reste immobile, appuyé au roc, les bras en croix, comme en extase).

ATHÉNE

Tu réservais pour te sauver un terrible secret ;
la sécurité de mon père en dépend.
Cependant tu es libre, sans condition aucune.
Les Dieux t'ont méconnu ;

par ma venue, par ma présence, par ma voix,
ô Prométhée, maintenant délivré,
les Dieux devant toi se repentent.

(Elle s'écarte et remonte un peu avec Héraklès).

LE CHŒUR

Ah ! la joie de notre délivrance ne fut pas aussi vive;
quand le Tartare rouvrit ses portes devant nous !
Voilà notre frère enfin délivré, enfin Dieu !

PROMÉTHÉE

Aither divin, rayonnante clarté
miroir étincelant de mes pensées désespérées,
vents à l'aile rapide
qui apportiez de doux aromes au supplicié du Caucase ;
Sources des fleuves, larmes de la nature,
épanouissement innombrable des flots,
mère de tous les êtres, ô Terre,
contemple ton enfant victorieux de la souffrance !
Et toi aussi, Soleil, conscience du Monde,
étincelle, flamboie, resplendis,
auréole de tes rayons ignés, ma gloire renaissante !
Et toi, Nature, compatissante à mes douleurs,
communie avec moi, dans l'allégresse,
et que ma joie descende du Caucase
épanouir le cœur de tout mortel. (Il marche et agit).
Non, ce n'est pas un songe,
Je suis libre, délivré, triomphant !
Ah ! mon âme se trouble et d'affreux souvenirs s'y dressent en fantômes !
Sur mon corps cependant, aucune trace de supplice ;
ma chair a oublié ; pas une cicatrice !
Ah ! tu m'as protégé, même quand je doutais.
Absolu, Dieu unique ! (Il tombe a genoux, les bras en croix).
Enfin je t'ai trouvé ; je sais où tu te caches :

dans la souffrance consentie et dans le sacrifice.

et ton nom, que j'ignore, doit être la Bonté.

O toi qui m'as créé, ô toi qui m'as sauvé,

soutiens-moi en ce moment joyeux !

Oui, je l'éprouve au feu de mon idée,

le Destin fait silence à cette heure

et les Moires attendent ; les Dieux se taisent

et l'univers est comme suspendu au battement du cœur de Prométhée!

O maître du Destin, ô Créateur des Dieux.

Inspire-moi ta volonté divine!

Que doit la victime au bourreau et le juste au méchant

et le génie à l'aveugle pouvoir ?

Que doit le cœur à la méchanceté

et l'idée aux passions féroces?

Prométhée, que doit-il à Zeus ?

Que dois-je aux Dieux ? (Il se lève, et pontifiant).

Aither, ô sublime Océan des Mondes,

qui mille ans a vibré à mes accents de haine et de douleur,

Aither, recueille-toi ! O terre, fais silence !

Car je vais dire une parole

plus forte que le nombre, plus belle que l'amour :

Prométhée délivré pardonne à Zeus !

Les autres personnages se rapprochent, Prométhée donne une main à Héraclès
et l'autre au Coryphée; ainsi posé, il s'adresse à Athéné) :

Tu m'apportes ma liberté ; reçois le salut de ton père.

Il envoya Pandore sur la terre pour corrompre les hommes :

au cœur de la première femme j'allu ai le désir

des embrassements immortels.

ATHÉNE

Ce crime te valut des chaînes bien plus que le ravissement du feu

L'événement réalisa l'étonnante menace,

et la race des Dieux par l'amour aux Mortels s'est mêlée.

Héraklès est le fils de Zeus et d'une femme thébaine.

PROMÉTHÉE

Voici donc mon secret :
Ton père médite de s'unir à la Néréide Théthys,
en noces légitimes.

ATHÉNÉ

Il s'est ouvert à moi de ce dessein qu'ignore la jalouse Héra.

PROMÉTHÉE

Eh bien, voici l'oracle de Thémis Gaïa. —
L'enfant de la Néréide Théthys
deviendra plus puissant que son père :
et si son père est Zeus, il le détrônera.

ATHÉNÉ

Tu es toujours plus grand que la fortune ;
ta générosité paraît ici, où le silence t'eût vengé.
Rentre dans l'harmonie et rentre dans l'Olympe.
Deviens heureux, deviens Dieu !

PROMÉTHÉE

Je reste Prométhée.

ATHÉNÉ

Dans les jardins d'Academus,
mes Athéniens t'ont dédié un autel de granit :
le feu que tu ravis, y brille incessamment.

PROMÉTHÉE

Je refuse le temple.

ATHÉNÉ

Les connais-tu ces sanctuaires que tu dédaignes ?
L'Olympe pâlit à côté,

Mes statues sont plus belles que moi !
Ah ! je me suis souvent répété ton oracle ;
« Un jour, fille de Zeus,
tu délaisseras l'Empyrée pour l'hommage terrestre
et tu habiteras le temple que t'élèveront les mortels. »
Je n'ai plus d'autre amour que mon peuple et ma ville ;
pour eux, je lutterais contre mon Père même.
Je porte sous l'égide l'ardeur du dévouement.
Oh ! tu l'avais bien dit !
et notre gloire à tous est venue de la terre.
Je comprends aujourd'hui ta tendresse pour l'homme :
Athéné ne vit que pour Athènes !
Veux-tu y paraître avec moi,
étonner, rassurer, éblouir les Mortels ?

PROMÉTHÉE

Ce serait un fatal exemple.
Zeus a été cruel, Zeus a été stupide,
mais Zeus incarne l'ordre et moi la rébellion aux yeux mortels :
ne troublons pas les ames religieuses.

ATHÉNÉ

Tu incarnes donc la sagesse ?

PROMÉTHÉE

Le plus sage est celui qui a le plus souffert !

ATHÉNÉ

Zeus a promis de t'embrasser devant les Dieux.

PROMÉTHÉE

Même devant les Dieux, je reste le puni auquel on a fait grâce !

ATHÉNÉ

Prométhée, ton esprit plane au-dessus du mien !

PROMÉTHÉE

Titans, mes frères, allez dire aux mortels
que Prométhée a cessé de souffrir
mais qu'il ne cessera jamais d'aimer l'humanité !

HÉRAKLÈS

Titans, allez dire aux Thébains,
qu'Héraklès tua l'aigle, qui dévorait le foie de Prométhée !

HÉPHAISTOS

Titans, allez dire à Lemnos,
qu'Héphaistos délivra Prométhée de ses chaînes !

ATHÉNÉ

Titans, allez dire à Athènes,
que Pallas Athéné emmena
Prométhée glorieux dans l'Olympe !

LE CHŒUR

Quels ordres furent reçus avec plus d'allégresse !
A les exécuter nous mettrons un zèle joyeux !
Victoire à Prométhée.
et Gloire à Heraklès !
Honneur à Héphaistos !
Louange à Athéné ! Louange !

SCÈNE VII

PROMÉTHÉE, — HÉRAKLÈS, — HÉPHAISTOS, — HERMÈS
(survenant)

PROMÉTHÉE à Hermès

Instrument du bien et du mal,
veux-tu, pour moi, faire un message ?

HERMÈS

De grand cœur, Prométhée !
Je venais me réconcilier.....

PROMÉTHÉE

Va, dis aux prêtres, dans tous les sanctuaires :
— Quand paraîtra un homme de pensée,
d'audace, de génie, de bonté,
créateur ou héros, dévoué ou subtil,
celui-là appartient à Prométhée !
— J'ai divulgué à tous le mystère propice à quelques-uns ;
je n'enseignerai plus que l'exception humaine.

HERMÈS

Je vais à Eleusis et puis à Samothrace, l'île sainte ;
seulement, promets de ne pas me chasser des mystères !

PROMÉTHÉE

Il n'est qu'un mystère, ô Hermès, celui de la douleur !
Par elle, homme ou Daïmon, chacun peut s'élever
plus haut que Zeus, plus haut que le Destin,
jusqu'à ce Dieu unique, qui nous a tous créés.

ATHÉNÉ

Prométhée, tu m'initieras ?

PROMÉTHÉE

Je ne puis : tu es femme.

HERMÈS

Et moi ?

PROMÉTHÉE

Je ne puis : esprit sans charité.

ATHÉNÉ

Explique-nous du moins ce mystère
par qui Zeus, reste Zeus,
quand tu es innocent et martyr
dans un même conflit !

PROMÉTHÉE

Deux Moires gouvernent l'univers :
l'une s'appelle l'Ordre ;
elle conserve, elle modère, elle utilise,
elle règne au présent ,
l'autre s'appelle le Progrès ;
elle ose, elle avance, elle découvre, elle commande à l'avenir.
Ton père incarne l'une, je réalise l'autre.
Je suis l'individu, je suis le mouvement ;
il est le nombre, il est le repos dans la force.
J'ai dépassé mes droits, j'ai marché trop avant,
Zeus m'a puni, mais il m'a trop puni ;
et aujourd'hui, il a fallu qu'il se repente !

HÉRAKLÈS

Je ne suis pas subtil.
Dévoile clairement ce mystère !

PROMÉTHÉE

Tu le connais mieux que ton père,
ta massue le proclame autant que mon gibet :

SOUFFRIR POUR LA JUSTICE

LA PROMÉTHÉIDE

TRILOGIE D'ESCHYLE

Restituée quant au PORTEUR DE FEU et au DÉLIVRÉ traduite pour l'ENCHAINÉ

ET LA COMÉDIE FRANÇAISE

---

28 *avril* 1894.

MONSIEUR,

Vous m'avez demandé sur des pièces de théâtre mon avis personnel et je vous l'ai donné. Vous me demandez maintenant sur un ouvrage nouveau l'opinion administrative. Le rapport fait sur votre œuvre sera lu à la prochaine séance du Comité réuni, en commission d'examen.

Agréez, je vous prie, Monsieur, l'assurance de mes sentiments distingués.

JULES CLARETIE.

REMARQUE : L'auteur de *Babylone*, de *Prométhée*, d'*Orphée* a-t-il pu demander *l'avis personnel* de l'auteur du *Prince Zilah* et des *Muscadins ?* L'auteur de *Babylone* demandait une lecture, ce que l'administrateur de la Comédie Française peut accorder, *motu proprio*.

Il résulte d'une interview signé: Ch. Fromentin, et intitulée: *Eschyle* et *Péladan*, que M. Claretie a tenu ces propos les attribuant au Sâr Péladan. « Je suis convaincu, moi, que ma pièce n'est pas jouable. Refusez-la-moi, cher Maître, et je vous bénirai, car ce refus me donnera un prestige dont j'ai besoin...»

Rectification : Quand Péladan apporta le *Prince de Byzance* à M. Claretie (et ce fut sa seule et unique visite à l'administrateur), il dit, que n'étant pas assez sûr du mérite de l'œuvre, il n'insistait pas pour une lecture, mais demandait acte de la présentation et marquait sa postulance devant le Comité du Théâtre Français. Pour *Babylone*, il écrivit nettement à M. Claretie, que, cette fois, il était certain du mérite de son ouvrage et avertissait l'administrateur que la postérité lui rendrait en honneur ou honte son accueil.

J'ai le regret de vous informer que dans sa séance de ce jour samedi 5 mai, le Comité de lecture, après avoir pris connaissance du rapport présenté par la commission d'examen, n'a pas cru pouvoir réserver pour la lecture votre trilogie Prométhée enchaîné.

Malgré le talent dont témoigne cette œuvre d'érudition, l'avis général est que la facture n'en saurait convenir à la Comédie Française.

Le Secrétaire du Comité,

MONVAL.

REMARQUE : Le Comité de lecture se compose de MM. Paul Perret et Edouard Cadol ; c'est M. Edouard Cadol seul qui a fait le rapport, qu'il n'a pas osé communiquer. A l'Odéon, on est plus cynique ou plus crâne, on a communiqué le rapport sur le *Fils des Étoiles*.

Le *Prométhée enchaîné* étant d'Eschyle et ne constituant que la tragédie médiane de la trilogie, c'est donc l'œuvre

du plus grand des tragiques qui a été refusée, puisque le
Porteur de feu et le *Délivré* seuls sont de Péladan.

L'accusation de lâcheté a seule pu décider M. Monval à
livrer les noms de ces comédiens qui ont décidé ceci : la facture d'Eschyle (*Prométhée enchaîné*), ne saurait convenir à la
Comédie Française, ni à :

> MM. COQUELIN, cadet.
> PRUD'HON,
> LE BARGY,
> DE FÉRAUDY,
> BOUCHER,
> TRUFFIER,
> LELOIR,
> WORMS.

Placet au Ministre de l'Instruction publique et des Beaux-Arts.

Monsieur le Ministre,

On vient de m'apprendre que la Comédie-Française est uu théâtre national et subventionné pour le maintien et la fomentation du *grand Art* ; des gens qui ne mentent point m'ont juré que, si on y joue la farce habituellement, c'est par abus et faute de tragédies nouvelles.

Ma stupeur, abusant de l'hospitalité de la *Pres,e*, veut vous poser quelques questions.

Je sais, Monsieur, que, depuis la prise de la Bastille, tout citoyen a le droit de brocarder un ministre dans les gazettes. Mais je date d'avant, de cette bastille qu'on nomme Tour de Babel ; et jadis, on eut le respect de l'autorité.

Je ne sais pas votre nom, mais je ne ris point de votre fonction, puisque j'en veux voir l'effet et le vais provoquer.

Un écrivain est un travailleur ; il ne peut dire que ses heures d'effort et non la qualité de l'effort.

Voici un romancier de douze romans, un métaphysicien de quatre traités in-octavo, un critique d'art d'une douzaine de volumes, un auteur dramatique de plusieurs tragédies. Ce romancier, ce métaphysicien, ce critique et cet auteur dramatique est un seul et même individu, citoyen français sans « enthousiasme », mais payant l'impôt, mis en prison pour n'avoir pas lu à temps les affiches militaires, fumant le tabac de régie, buvant l'eau à microbe, enfin subissant sans trop de cris toutes les vexations de Marâtre-Patrie.

Quels sont ses droits, le prétendu devoir accepté et accompli.

Eh bien ! Monsieur le ministre, il n'a p~s même droit à une lecture rue Richelieu. Il faut être chevalier de la Légion d'honneur, journaliste, ou bien bâtard de l'apothicaire de M. Claretie.

Ici se pose ma première question.

La Comédie-Française ne doit-elle pas des facilités, des égards et de la faveur à ceux qui ont prouvé leur valeur littéraire par le livre ?

Or, j'ai prouvé ma valeur de deux autres façons : j'ai fondé un salon des Beaux-Arts, le *Salon de la Rose † Croix*, et un théâtre, le *Théâtre de la Rose † Croix* : il y a trois ans que cet effort continue. Je n'ai pu obtenir que M. Claretie, ni personne de son comité, assistât à mes représentations du *Fils des Étoiles* et de *Babylone*.

Franchement, Monsieur le Ministre, j'y mets de la bonne volonté. M. Claretie me dit que mes tragédies seront jouables quand l'Art chevauchera les cygnes ; sans attendre ce spectacle allégorique, je fais exécuter l'œuvre refusée, et le fonctionnaire de la tragédie ne vint pas, lui, ni aucun de ses Sarcey.

Ici se dresse ma deuxième question.

Les fonctionnaires de la tragédie se peuvent-ils refuser d'assister à la représentation d'une œuvre, quand l'auteur a déjà conquis une renommée d'écrivain ?

Vous me devez juger bien naïf, Monsieur le Ministre, de vous prendre au sérieux et de croire que vous me rendrez la même politesse.

Eh bien ! ministérielle erreur, je ne suis pas naïf en ce moment ; et, sans plus d'ambages, laissez-moi vous présenter mes parrains.

L'un s'appelle Eschyle, c'est-à-dire Homère, au théâtre ;
c'est un tel personnage, que l'histoire ne mentionne pas d'égal
à l'auteur de cette *Orestie* que M. Leconte de Lisle a osé
réduire et signer. Vous avez dû traduire jadis quelque pas-
sage des sept tragédies qui nous restent. Mais, je me trompe,
il y en a neuf, puisque j'en ai apporté deux, qu'on croyait
perdues, à M. Claretie. Je lui fis cet impérial cadeau, il y a
un mois.

Eh ! vous me pensez fou. Les journaux l'ont imprimé. Mais
vous devez savoir ce que valent leurs assertions.

Prométhée enchaîné, ce panneau central d'un triptyque,
d'une trilogie, a sollicité mon effort : pour vaincre l'injustice
écrasante que je subis, j'ai tendu l'arc d'Ulysse, j'ai retrouvé
l'art d'Eschyle, j'ai refait les deux volets manquants, les deux
tragédies perdues.

Effacez en pensée la voûte et les pendentifs de la Sixtine,
ne laissez que la fresque du fond, le *Jugement ;* supposez qu'il
ne reste ni une description, ni un croquis des œuvres laté-
rales, et dites-moi, si l'artiste qui les restituerait, n'aurait pas
mérité qu'on l'admît, je ne dis pas au Salon, mais devant le
jury du Salon.

Avec *Babylone*, avec *Orphée*, avec le *Mystère du Graal*,
avec les *Argonautes*, je ne voulais pas engager le combat
contre la mauvaise foi et les intrigues. Avec le *Prométhée*, je
vaincrai. Voici une tragédie entière d'Eschyle, l'*Enchaîné ;*
voilà le *Porteur de Feu* et le *Délivré;* la comparaison jette une
lumière fulgurante : ou je suis un insensé, ou j'ai droit d'être
entendu à la Comédie Française.

C'est M. Edouard Cadol qui m'a lu ; est-il compétent pour
décider une restitution si savante ?

Ce sont des acteurs de comédie, des Mascarille et des
Frontin, qui m'écouteront, si j'obtiens de lire. Est-ce que

je me flatte de leur faire accepter les antiques sublimités ?
Non.

Comme mon maître Wagner, je lutterai longtemps ; mais
comme Siegfried aussi, j'ai reforgé Nothung, l'arme antique
des Vœlsungs, je veux que l'éclair de *Prométhée* luise, ne fût-
ce qu'en lecture, dans cet immeuble de la tragédie où je serai
le maître dans dix ou quinze ans, au plus.

Et maintenant, Monsieur le Ministre, au lieu du certificat
d'aliéniste que vous vous attendez à me voir produire, voici
le témoignage d'un incontestable savant, d'un helléniste égal
aux plus grands, d'un homme qui a dirigé quatorze ans l'école
d'Athènes.

Lisez sa lettre, Monsieur, et ordonnez à maître Claretie de
m'accorder lecture, ce qui vous sera compté au jour de votre
mort et vous aidera peut-être à échapper à l'enfer, ordinaire
destination des fonctionnaires *républicains*.

C'est la grâce que je vous souhaite, en échange de celle que
je souhaite de vous.

Sar Péladan.

LE TEMPS

Eschyle, le sâr Péladan et M. Emile Burnouf.

Nous avons reçu la lettre suivante, dont nos lecteurs appré-
cieront la saveur très spéciale :

Le grand maître Sâr Péladan au seigneur directeur du Temps.

Devant le Graal, le Beauséant, la Rose Crucifère.
Je m'adresse à vous, monsieur, comme au plus *sérieux* de
la presse, et si vous ne trouvez pas le même caractère, consi-

dèrez que je ne suis ici que truchement, Eschyle s'appelle le père et l'Homère du théâtre. Son *Prométhée enchaîné* seul nous restait. Voici le *Porteur de feu* et le *Délivré* heureusement restitués ; voici la trilogie complète.

Qui dit cela ? Emile Burnouf, l'hellénisant incontesté, l'ancien directeur de l'Ecole d'Athènes.

Refuserez-vous d'insérer la lettre d'Emile Burnouf ?

Non ! je l'espère pour moi,

Je l'espère pour vous.

SAR PÉLADAN.

Voici la lettre de M. Emile Burnouf, ancien directeur de l'Ecole d'Athènes :

Paris, 11 avril,

Sar Péladan,

Vous voulez bien me demander mon impression au sujet de votre trilogie eschylienne de *Prométhée*. Je ne vous cache pas que j'en abordais la lecture avec une certaine terreur ; nous avions le *Prométhée enchaîné* complet, mais des deux autres pièces il ne nous restait rien du tout, et il me paraissait effrayant d'en entreprendre la restitution. J'ai donc lu votre double composition encadrant l'œuvre d'Eschyle. Eh bien ! mes appréhensions se sont dissipées. Je trouve à votre œuvre, le caractère grec aussi complet qu'on peut le désirer. L'œuvre d'Eschyle avait certainement quelque chose de métaphysique, dirai-je d'ésotérique ; ce qu'il en reste le prouve assez. Les grands esprits de cette époque étaient sûrement initiés aux « doctrines secrètes » conservées dans les temples et transmises par les initiations. Les poètes

dramatiques en laissent souvent transpirer quelque chose
dans leurs écrits. Plusieurs pièces d'Euripide (telles que
l'*Hippolyte*, les *Bacchantes*, et d'autres) en sont remplies.
Vous avez, par conséquent, été en droit d'en faire de même
dans une trilogie où il n'y a que des dieux, qui se passe
dans un monde surhumain, aux « confins de la terre » sur ces
sommets du grand Caucase qui ont été les conducteurs des
mythes depuis l'Asie centrale jusqu'en Occident. Et, en outre,
ces dieux sont des Titans, les plus vieilles conceptions de la
religion grecque. Enfin, il s'agissait de *Prométhée*, et, par
conséquent, de la puissante théorie du Feu universel. Ce
Titan n'est pas seulement le Porteur de Feu : la tradition le
donnait comme ayant modelé l'homme et la femme. Un
bas-relief du Louvre représente cette opération, et c'est
Athéné qui y apporte l'âme. La tradition aussi nous
représentait Héraklès comme libérateur de Prométhée,
et on voit, dans l'*Alceste* d'Euripide, Héraklès luttant avec
la mort, et ramenant Alceste à son mari, scène incomparable.

Je n'ai rien trouvé dans votre composition qui ne soit conforme à la tradition et aux usages du théâtre grec du temps
de Périclès. Peut-être aurez-vous à changer quelques mots
trop modernes pour le sujet traité : je dis « quelques mots » ;
je ne dis pas même quelques phrases, à plus forte raison une
seule scène. Il n'y a rien de superflu dans le développement
que vous avez donné à l'idée antique et je ne vois pas non
plus ce qu'on y pourrait ajouter. Votre tentative était hardie,
beaucoup plus hardie que celle de M. Leconte de Lisle, qui
n'a eu qu'à traduire et qu'à réduire une trilogie complète du
même auteur : il l'a fait non sans succès. Le public a bien
accueilli les *Erinnyes*. Pourquoi n'accueillerait-il pas le
Prométhée dont la portée est beaucoup plus haute ? A

moins donc qu'il ne la trouve trop haute, et ne s'avoue ainsi inférieur aux Athéniens d'il y a deux mille ans, *Dîo men...*

Mes sincères compliments.

Émile BURNOUF.

Le troisième volume du *Théâtre de la Rose + Croix* sera consacré au PRINCE DE BYZANCE, drame romanesque en 5 actes.

Le quatrième volume sera LE FILS DES ÉTOILES.

Le cinquième, SÉMIRAMIS.

Le sixième, LE MYSTÈRE DU GRAAL.

BABYLONE
ET LA COMÉDIE FRANÇAISE
ET LA PRESSE

CHER MONSIEUR,

Envoyez-moi *Babylone*, je vous assure que si la pièce est, comme on dit, jouable, je serai enchanté de vous prouver ma sympathie littéraire.

Salutations sincères,

JULES CLARETIE.

2 *Mars* 1893.

Cher Monsieur, vous me mettez dans une situation délicate ; vous me demandez l'avis du Comité, et vous annoncez en même temps la représentation prochaine de votre tragédie. Le Comité ne pourra prendre connaissance du rapport à lui présenté par nos lecteurs que dans la réunion de la commission d'examen qui aura lieu le mois prochain. Et, d'ici là, vos répétitions auront marché vite. C'est donc moi seul qui prendrai la responsabilité d'une opinion très franche. Encore un coup, le lettré n'est pas en cause ; votre style se déroule avec la majesté d'un manteau de pourpre. J'ai pris à vos longues tirades aux cadences harmonieuses, un plaisir que le public, en son

impatience, ne partagerait pas. J'entends le public ordinaire,
le bon public qui, ce n'est pas moi qui le dis, mais Gœthe, un
sûr juge, a toujours raison contre nous.

Gardez Babylone *pour les initiés, pour les raffinés, pour les*
curieux, ceux-là vous applaudiront. Les autres vous conteste-
raient.

Edmond About a écrit un joli volume : Le Théâtre impossible. *Votre tragédie est... comment m'exprimer...? du*
théâtre suprapossible *ou* supra-impossible? *Tel est du moins*
mon avis, et que les siècles à venir me maudissent, comme
vous m'en menacez.

Je ne vous maudis pas, moi, au contraire. Je vous lis avec
un véritable plaisir, et j'irai de même vous applaudir chez
vous, et de tout cœur. JULES CLARETIE.

BABYLONE

TRAGÉDIE WAGNÉRIENNE EN QUATRE ACTES

A été représentée sur le théâtre de la Rose † Croix les 11, 12, 15, 17
et 19 mars 1893, au Palais du Champ-de-Mars, dôme central.

SAR MÉRODACK a été créé par. . . . . M. V. HATTIER.
L'ARCHIMAGE NAKHOUNTA. . . . . M. DAUMERIE.
SAMSINA . . . . Mᴵᴵᵉ M. MELLOT.
URUCK, AN-IPNOU, SINNAKIRIB. . . . . . L'ORDRE.

Elle a éé reprise les 21 et 28 mai 1894 sur le théâtre de l'Ambigu,
avec M. Emile RAYMOND, dans *Nakhounta,* et Mademoiselle LARA, dans
Samsina.

Elle a été représentée à Bruxelles sur le théâtre du Parc, le 30 mai 1894.

Elle a été donnée par Lady CAITHNESS, duchesse de POMAR, en sa salle
des fêtes, le 5 juillet 1894.

Babylone forme le premier tome du théâtre de la Rose † Croix : prix,
5 francs.

LE PRINCE DE BYZANCE

REFUS DE L'ODÉON

DRAME WAGNERIEN EN CINQ ACTES

A été refusé, au théâtre national de l'Odéon, le 7 avril 1890,
en ces termes, par M. Porel :

MONSIEUR,

La situation de Cavalcanti, qui croit le prince Tonio un homme et qui l'aime « mystiquement » ; celle de Tonio se disant androgyne ou ange ; l'accusation de sodomie lancée par la marquise sur vos deux héros : tout cela ferait votre drame effroyablement dangereux à la représentation. De plus, si étrange, si curieux qu'il soit, il est d'une longueur formidable. Enfin, ce qui est plus grave, je crains bien que le public ne puisse comprendre les sentiments et le langage de vos personnages. Il y a dans votre œuvre du mysticisme, du néo-platonisme, de la philosophie quelque peu ténébreuse, des abstractions... ; de très belles choses qui, à mon avis, effrayeraient la grande masse des spectateurs, à qui je dois songer malheureusement en montant une pièce qui coûterait fort cher.

Pour ces raisons, Monsieur, j'ai le regret de ne pouvoir accepter votre drame *le Prince de Byzance*

POREL.

LE PRINCE DE BYZANCE

REFUS DE LA COMÉDIE-FRANÇA SE

DRAME WAGNERIEN EN CINQ ACTES

A été refusé au théâtre national de la Comédie-Française le 27 mai 1891,
par M. Jules Claretie.

––––––––––

CHER MONSIEUR.

Je ne vous conseille point de présenter officiellement le *Prince de
Byzance* aux lecteurs de la Comédie.

Ils vous diraient, après moi, que votre drame romanesque ne serait
certainement pas reçu par le Comité.

« C'est mon *Rienzi*, m'avez-vous dit quand vous me l'avez apporté, mon
Rienzi en attendant mon *Lohengrin*. »

Eh bien, dans un drame, toute la musique du monde ne peut remplacer
l'action, une action claire, précise, nettement définie.

La forme, quelque précieuse qu'elle soit (précieuse dans le bon sens) ne
donne pas la vie aux êtres que le public doit et veut comprendre. Le
lyrisme de vos personnages ne remplace pas l'humanité, qui, sur les
planches, est la grande et peut-être la seule vertu.

Je ne méconnais pas l'œuvre d'art que vous m'avez fait lire, mais je ne
crois guère à la possibilité de la représentation du *Prince de Byzance* sur
un autre théâtre que celui que pourrait diriger quelque roi de Bavière.

En France, l'art dramatique ne chevauche pas encore sur un cygne.

Et maintenant, allez-vous encore me trouver le mieux bienveillant des
écrivains? Je crains que non. Mais je suis, de vos lecteurs, le plus attentif
et le plus curieux, un des plus dévoués aussi, et je reste cordialement à
vous.

JULES CLARETIE.

LE FILS DES ÉTOILES

WAGNÉRIE KALDÉENNE EN TROIS ACTES

Du SAR PELADAN

Refusée à la Comédie-Française le 3 mars 1892 et à l'Odéon le 18 mars

---

CHER MONSIEUR,

« J'a. lu le *Fils des Étoiles*. C'est un poème dialogué d'une belle langue savante, mais ce n'est pas un drame. Je ne crois pas que, continuant sur ce ton, vous puissiez faire œuvre qui rencontre un théâtre pour être présentée au public. Votre pièce est quelque chose comme de la musique littéraire; elle ne s'adresse qu'à quelques artistes, et je dirai presque à quelques initiés.

« Vous me demandez mon sentiment très net ; je vous le donne. Vous ajoutez qu'il peut être sévère. Non, il ne l'est pas. On a toujours un faible pour une œuvre d'art.

« Croyez, je vous prie, cher Monsieur, à ma sympathie littéraire, et au plaisir que j'ai à lire vos livres, moi qui ai connu Eliphas Lévi, il y a déjà longtemps.

« Très cordialement à vous.

« JULES CLARETIE.

« 3 mars 1892. »

A été représenté pour la première fois aux soirées de la Rose † Croix le 19 mars 1892.

L'Androgyne Œlohil a été créé par	Mlle Marcelle Josset.
Izel	Mlles Suzanne Avril.
La Courtisane sacrée	Renée Dreyfus.
L'Archimage d'Ereck	MM. Maurice Gerval.
Le Pategi Goudéa	Reigers.

A été repris au Palais du Champ-de-Mars le dimanche et lundi de Pâques 1893.

LA DÉCADENCE LATINE

ÉTHOPÉE

SCHÉMA DE CONCORDANCE

PREMIER SEPTÉNAIRE

I. — **Le Vice suprême, 1884 :** diathèse morale et mentale de la décadence latine : *Mérodack*, sommet de volonté consciente, type d'entité absolue ; *Alta*, prototype du moine en contact avec le monde ; *Courtenay*, homme-destin insuffisant, envoûté par le fait accompli social ; *L. d'Este*, l'extrême fierté, le grand style dans le mal ; *Coryse*, la vraie jeune fille ; *La Nine*, androgyne mauvais, ou, mieux, gynandre ; *Dominicaux*, pervers conscients ; caractère d'irrémédiabilité résultant d'une théorie esthétique spécieuse pour chaque vice, qui tue la notion et partant la conversion. Chaque roman a un Mérodack, c'est-à-dire un principe orphique abstrait en face d'une énigme idéale.

II. — **Curieuse, 1885 :** phénoménisme clinique collectif parisien. Éthique : *Nébo*, volonté sentimentale systématique. Érotique : *Paule*, passionnée à prisme androgyne. La Grande Horreur, la Bête à deux dos, dans la *Gynandre* (ix), se métamorphosent en dépravations unisexuelles ; *Curieuse*, c'est le tous-les-jours et le tout-le-monde de l'instinct ; la *Gynandre*, le minuit goétique et l'exceptionnel.

III. — **L'initiation sentimentale, 1886** : les mani-
festations usuelles de l'amour imparfait, expressément par
tableaux du non-amour, qui résulte de l'âme moderne
générale, faute d'énormon sentimental chez l'individu.

IV. — **A cœur perdu, 1887** : réalisation lyrique du
dualisme par l'amour ; réverbération de deux moi jusqu'à
saturation éclatante en jalousie et rupture ; restauration
de voluptés anciennes et perdues.

V. — **Istar, 1888** : la race et l'amour impuissants
dans la vie moyenne. Massacre nécessaire de l'exception
par le nombre, ligue antiamoureuse des femmes honnêtes
transposant la pollution en portée de haine.

VI. — **La Victoire du mari 1889** : la mort de la
notion du devoir ; le droit de la femme. Antinomie croissante de l'œuvre et de l'amour ; corrélation de l'onde
sonore et de l'onde érotique ; invasion des nerfs dans l'idéal
Bayreuth.

VII. — **Cœur en peine 1890** : départ d'un nouveau
cycle ; *Tammuz* n'y est qu'une voix qui prélude aux incan-
tations orphiques de la *Gynandre* ; *Bélit*, passive, radiante,
y perçoit sa vocation d'amante de charité qui s'épanouira
dans la Vertu suprême. Elle y évoque une des grandes
gynandres, *Rose de Faventin* (xi). — Roman à forme sym-
phonique, préparant à des diathèses animiques invraisem-
blables, pour les superficiels lecteurs de M. de Voltaire.

SECOND SEPTÉNAIRE

VIII. — **L'Androgyne, 1891** : monographie de la
Puberté, départ pour la lumière d'un œlobite ; *Samas*
épèlement de l'amour et de la volupté. Restitution d'impres-

sions éphébiques grecques à travers la mysticité catholique. Clef de l'éducation et anathème sur l'Université de France. La quinzième année du héros moderne, c'est-à-dire du jeune homme sans destin que son idéal ; monographie de toute la féminité d'aspect et de nerfs compatible avec le positif mâle.

Stelle de *Sénanques*, étude de positivité féminine : puberté de *Gynandre* normale.

IX. — **La Gynandre 1892** : phénoménisme individuel parisien. Éthique : *Tammuz*, protagoniste ionien orphique, réformateur de l'amour ; victoire sur le lunaire. Érotique : usurpation sentimentale de la femme. Grandes Gynandres : Rose de Faventine, Lilith de Vouivre, Luce de Goulaine, Aschera, Aschtoret, personnages réapparaissant de l'*Initiation sentimentale*. L'Habitarelle, la marquise de Nolay, Lavalduc y reviennent aussi. La Nine et partie des dominicaux. En ce livre se retrouve le grouillis de soixante personnages qui fait préférer 'e I de l'Éthopée aux suivants ; en ce livre aussi, toutes les déformations de l'attract nerveux, les antiphysismes et la pyschopathie sexuelle, d'où il découlera que les auteurs récents ont tous touché à cette matière en malpropres et en niais.

X. — **Le Panthée, 1892** : l'impossibilité d'être pour l'amour parfait, sans la propicité de l'or. Amour parfait entre deux œlohites, égrènement des circonstances plus fortes que la beauté et le génie unis par le cœur. Démonstration que l'amour dans le mariage ne peut être tenté que par les riches ou les simples.

XI. — **Typhonia, 1893** : héros, Sin et Nannah : Stérilisation de l'unité lyrique par le collectif provincial.

Démonstration de la nécessité de la grande ville pour désorienter la férocité de la bourgeoisie française ; sermon du P. Alta sur le péché de haine ou péché provincial.

La province n'existe pas pour la civilisation : le vice lui-même ne la polit pas. Aucun génie ne résiste au face à face avec la province. Envoûtement par le collectif.

XII. — **Le dernier Bourbon, 1893 :** la race et l'honnêteté décadentes plus funestes que la vulgarité et le vice. Problème de la politique. La raison monarchique et la déraison dynastique, en ce cas Chambord. Personnages du *Vice suprême :* le prince de Courtenay, le prince Balthazar des Baux, Rudenty (*Curieuse*), Marestan, duc de Nîmes, Marcoux. Peinture du dernier boulevard de légitimité, pendant l'exécution des décrets de l'infâme Ferry ; étude des progressions animiques collectives et de l'âme des foules. Horreur de la justice française, billevesées de la légalité. Démonstration que les catholiques français sont des lâches, et que l'histoire de ce pays est finie. Dans la chronologie de l'Éthopée, le XII est antérieur au *Vice suprême*. On y voit les débuts de Marcoux, l'élection de Courtenay.

XIII. — **La Lamentation d'Ilou, 1893 :** défaite des grandes volontés de lumière : Ilou, Mérodack, Alta, Nergal, Tammuz, Rabbi Sichem, du *Finis Latinorum* : Oratorio à plusieurs entendements. Jérémiades où Alta donne la preuve théologique ; Nergal, psychique ; Tammuz, érotique ; Sichem, comparée ; Mérodack, magique ; Ilou, extatique ; que la Latinité est finie (sous presse).

XIV. — **La Vertu suprême, 1896 :** le « quand même » des volontés de lumière, après l'évidence de l'irrémissible damnation du collectif.

11

Mérodack y réalise tout à fait la Rose ✝ Croix commencée au château de Vouivre (VII. Bélit tient le premier plan féminin avec la plupart des gynandres IX) : Tammuz, Alta, Sichem, Nébo, Paule Riazan, Samas y rayonnent. Les originaux du salut, excentriques de la vertu, poètes de bonté et artistes de lumière : *Aristie future !*

AMPHITHÉATRE DES SCIENCES MORTES

RESTITUTION DE LA MAGIE

ADAPTÉE A LA CONTEMPORAINETÉ, DOCTRINE DE L'ORDRE

DE LA ROSE ✝ CROIX, DU TEMPLE ET DU GRAAL

I

ETHIQUE

Comment on devient Mage ? Méthode d'orgueil, entraînement dans les trois modes pour l'accomplissement de la personnalité : ascèse du génie et de la sagesse. In-8°, Chamuel (2ᵉ édit.), 1891. . . . . 7 fr. 50

II

EROTIQUE

Comment on devient Fée ? Méthode d'entraînement dans les deux modes pour l'accomplissement de la Béatrice et de l'Hypathia : ascèse de sexualité transcendante, restitution de l'initiation féminine perdue. In-8°, Chamuel (2ᵉ édit.), 1892. . . . . . . 7 fr. 50

III

ESTHÉTIQUE

Comment on devient Artiste et Ariste, ascèse de
la sensibilité et théorie magique du beau et de sa percep-
tion. In-8° de 370 pages. 1893. Chamuel. . .   7 fr. 50

IV

POLITIQUE

Le Livre du Sceptre, traité de sociologie et magie
politique. Démonstration de la Théocratie et diagnostic de
la décadence latine, d'après une nouvelle philosophie de
l'histoire et l'application analogique des lois physiques à
la vie athénique. In-8° de 360 p. 1894. Chamuel. 7 fr. 50

**Les XI Chapitres mystérieux du Sepher Beres-
chel** (Genèse version Rosecrucienne du Sâr Peladan.
1 vol. sur papier solaire, à la *Librairie de l'Art indépendant,* rue de la Chaussée-d'Antin . . . .   3 fr.

PREMIER VOLUME DES

TEXTES ROSECRUCIENS

LE SECOND SERA CONSACRÉ A

LA BAGHAVAD-GITA
Traduction d'ÉMILE BURNOUF

AMPHITHÉÂTRE DES SCIENCES MORTES

III. ESTHÉTIQUE

COMMENT ON DEVIENT ARISTE

Troisième traité magique, 7 fr. 50

LA DÉCADENCE LATINE

ÉTHOPÉE

LE DERNIER BOURBON

Douzième Roman

THÉÂTRE DE LA ROSE ☩ CROIX

BABYLONE, 1 vol. 5 fr. Chamuel 1894

LA PROMÉTHÉIDE

Avec portrait de l'auteur en taille douce, 5 fr. Chamuel 1895

LE THÉÂTRE DE WAGNER

LES XI OPÉRAS scène par scène, 3 fr. 50. Chamuel 1894

L'ART IDÉALISTE ET MYSTIQUE

DOCTRINE DE L'ORDRE ET DU SALON ANNUEL DES ROSE ☩ CROIX

Troisième édition, 1894, Chamuel

L'ŒUVRE PÉLADANE EN 1895

AMPHITHÉATRE DES SCIENCES MORTES

IV. POLITIQUE

LE LIVRE DU SCEPTRE

LA DÉCADENCE LATINE

ÉTHOPÉE

LA LAMENTATION D'ILOV
Treizième Roman

THEATRE DE LA ROSE † CROIX

SÉMIRAMIS — LE MYSTÈRE DU GRAAL — ORPHÉE

CATECHISME DE LA ROSE † CROIX

LA ROSE † CROIX
BULLETIN MENSUEL
DE L'ORDRE DE LA ROSE † CROIX DU TEMPLE ET DU GRAAL

TROISIÈME ANNÉE — SÉRIE ÉXOTÉRIQUE
Paraît chaque mois en grand in-8° de 32 pages

ABONNEMENT :

UN AN : Paris et Départements .	**7** fr.	Voie anglaise.	**10** fr.	
Union postale.	**9** fr.	Un numéro.	**0** fr. **80**	

Les abonnements partent d'avril et se paient d'avance

S'adresser pour .OUTE CHOSE par lettre
2, rue de Commaille, 2.

Pour la vente au numéro : *Librairie de l'Art indépendant*, 11, Chaussée d'Antin

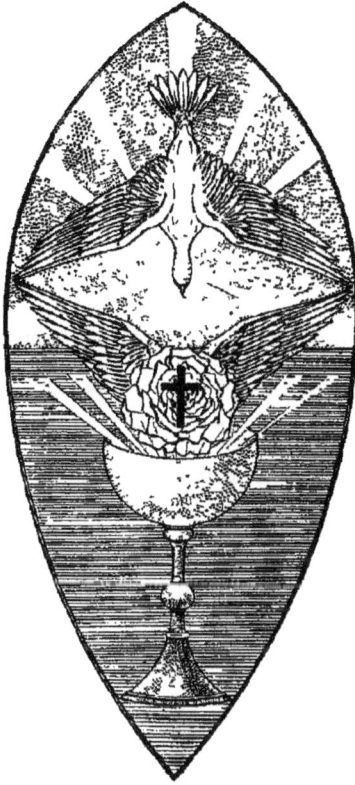

ABBEVILLE. — TYP. ET STER. A. RETAUX